Des brevets en droit congolais

Recherche d'informations et systèmes juridiques de leur protection

D/2023/4910/11 ISBN : 978-2-8061-3241-3

10 rue du Poirier
B-1348 Louvain-la-Neuve

www.editions-academia.be

Roger Eale Mpakama

Des brevets en droit congolais

Recherche d'informations et systèmes juridiques de leur protection

Préface du Bâtonnier national Shebele Makoba Michel

ACADEMIA

SIGLES ET ABRÉVIATIONS

ADPIC	Accord sur les aspects des Droits de Propriété Intellectuelle qui touchent au Commerce
AGORA	Access to Global Online Research on Agriculture Program (Programme de l'Organisation des Nations Unies pour l'Alimentation et l'Agriculture, FAO inclus dans le Research4life)
ARDI	Access to Research for Development and Innovation (Programme de l'Organisation Mondiale de la Propriété Intellectuelle inclus dans le Research4life)
ARIPO	African Regional Intellectual Property Organization
CATI	Centre d'Appui à la Technologie et à l'Innovation
CBE	Convention sur le Brevet Européen
CJUE	Cour de Justice de l'Union Européenne
DSCRP	Document de la Stratégie de Croissance et de Réduction de la Pauvreté
GATT	General Agreement on Trade and Tariffs
GAFA	Acronyme de Google, Apple, Facebook et Amazon
GAFAM	Acronyme de Google, Apple, Facebook, Amazon et Microsoft
HINARI	Health InterNetwork Access to Research Initiative WHO (Programme de l'Organisation Mondiale de la Santé, inclus dans le Research4life)
IBP	Impôt sur les bénéfices et profits
INPI	Institut National de la Propriété Industrielle
IRPI	Institut de Recherche de la Propriété Industrielle
KIPO	Korean Intellectual Property Office
OAPI	Organisation Africaine de la Propriété Intellectuelle

OARE	Online Access to Research in The Environment (Service d'accès en ligne du Programme des Nations Unies pour l'Environnement, PNUE. Voir dans Research4life)
OEB	Office Européen des Brevets
OMPI	Organisation Mondiale de la Propriété Intellectuelle
ONUDI	Organisation des Nations Unies pour le Développement Industriel
PI	Propriété Intellectuelle
PCT	Patent Cooperation Treaty
PMA	Pays les Moins Avancés
RDC	République Démocratique du Congo
R&D	Recherche et Développement
SA	Société Anonyme
SARL	Société à Responsabilité Limitée
TVA	Taxe sur la Valeur Ajoutée
TIPO	Taiwan Intellectual Property Office
UNESCO	Organisation des Nations unies pour l'éducation, la science et la culture
UE	Union Européenne
WIPO	World Intellectual Property Organization

REMERCIEMENTS

Nos remerciements vont à l'endroit des personnes qui ont concouru à la réalisation du présent ouvrage.

D'abord, nous pensons aux formateurs venus assurer à Kinshasa une série de formations en 2011, 2012 et 2015 sur les informations en matière de brevets, dont nous avons été bénéficiaire.

Il s'agit de Messieurs Herman Ntchatcho et Ituku Elangi Botoy, respectivement Directeur Principal et Coordonnateur de Projet à l'Organisation Mondiale de la Propriété Intellectuelle ; de Monsieur Mohamed Atani, fonctionnaire au Programme des Nations Unies pour le Développement (PNUD), de Monsieur Valentin Agon, chercheur indépendant, de Messieurs Philippe Gorry et Johan Amand.

Le renforcement de capacités de l'élite congolaise, réalisé par le Gouvernement de la République Démocratique du Congo avec l'appui de l'Organisation Mondiale de la Propriété Intellectuelle (OMPI) a été le déclic de cet ouvrage.

Les ateliers de formation sur les stratégies et techniques de recherche d'informations en matière de brevets (du 19 avril 2011), sur l'utilité de l'information en matière de brevets pour les secteurs public et privé : l'utilisation du PATENTSCOPE sur la promotion de l'innovation (du 18 avril 2011), sur les centres d'appui à la technologie et à l'innovation (du 18 avril 2011), sur Esp@cenet (du 24 août 2011), sur l'utilisation de la classification des brevets (du 24 août 2011), sur l'utilité de la description et des revendications d'un brevet pour la promotion de l'innovation locale (du 27 août 2011), sur l'introduction à l'OARE, sur Research4life, HINARI-AGORA-OARE-ARDI (d'août 2011), sur le Centre d'Appui à la

Technologie et à l'Innovation, CATI en sigle (septembre 2015), restent des sujets d'études.

Ensuite, nous ne pouvons oublier Monsieur Lotoy Ilango-Banga Jean-Pierre, Professeur à la Faculté des Sciences Politiques et Administratives (Université de Kinshasa), Monsieur Kumbu Ki Ngimbi Jean-Michel, Professeur à la Faculté de Droit (Université de Kinshasa), Monsieur Eboma Ndongo Alain, Avocat et commissaire aux comptes agréé, Monsieur le Bâtonnier National Shebele Makoba Michel, Mandataire en Propriété industrielle, Brevets, Dessins et Marques de fabrique et Avocat à la Cour de cassation et au Conseil d'État, Maîtres Odia Kayembe Nicole, Mavinga Ndangi Declerc et le Directeur Ilunga Katenda Gaston, Directeur au Secrétariat Général à l'Industrie, pour leurs précieux conseils.

Enfin, que notre mère Wetshi Bomposa Pauline, notre épouse Ngatshi Abong et nos enfants Eale Ngolu Précieuse, Eale Baruti et Akeyal Abong Wetshi partagent la même joie que nous ressentons pour la parution de cette œuvre de l'esprit.

L'auteur

AVANT-PROPOS

La pertinence des mots de Nicolas Boileau, dans la préface de son épître X, à savoir : « il est de l'essence d'un bon livre d'avoir des censeurs ; et la plus grande disgrâce qui puisse arriver à un écrit qu'on met au jour, ce n'est pas que beaucoup de gens en disent du mal, c'est que personne n'en dise rien », nous réconforte au plus haut point pour cette œuvre de l'esprit qui n'a pas la prétention d'être parfaite.

En outre, dans la préface du livre *Du sang sur les lianes. Léopold II et son Congo*, nous tirons, également, une essence très vertueuse d'un écrit, lorsqu'il y est dit que « l'ouvrage dérangeant de M. Daniel Vangroenweghe procède de cette veine. Il sera donc discuté. C'est là une de ses qualités essentielles ».

Nous restons ouvert aux critiques constructives, car dit-on « on ne jette de pierre qu'à l'arbre qui porte des fruits ».

Les ateliers de mise à niveau (en 2011, 2012 et 2015) sur les informations en matière de brevets, PATENTSCOPE et ESP@CENET, le Research4life (HINARI, ORDI, OARE, AGORA), le CATI et le processus de son installation en RDC, le processus d'invention/innovation en pratique et l'importance d'une stratégie en matière de propriété intellectuelle (PI) pour les universités, les écoles techniques, les centres de recherche, les petites et moyennes entreprises et les inventeurs, etc., constituent le point de départ de la présente étude.

Cette série de formations reste le piédestal sur lequel s'appuient plusieurs autres études en chantier.

Dans la mesure où la matière de brevets est très peu connue en République Démocratique du Congo, nous rappelons par ces modestes écritures, non sans importance, qu'on peut accéder au savoir technologique gratuitement et l'exploiter.

La présente étude donne des réponses aux lecteurs, en ce qui concerne l'accès à l'information gratuite en matière de brevets, et ce, lorsque le brevet d'invention tombe dans le domaine public.

Les innovations apportées peuvent faire l'objet d'une demande de brevet (dépôt de brevet).

Nous démontrons également que l'activité inventive, par le truchement de l'innovation, reste le chemin par lequel le développement de la RDC peut provenir.

Il n'est plus un secret pour personne que l'innovation et l'accès aux informations techniques antérieures ont accéléré le développement du des pays BRICS (Brésil, Russie, Inde, Chine et Afrique du Sud).

Les lecteurs seront d'avis avec nous que, pour les pays les moins avancés (PMA), dont fait partie la RDC, la solution appropriée pour le développement reste la recherche scientifique, portée par l'innovation technologique.

La première partie de l'ouvrage éveille le savoir des lecteurs par les généralités se rapportant au document brevet.

La deuxième partie de l'ouvrage est axiomatique et technique. Pour saisir cette partie vitale de l'ouvrage, nous en appelons à une lecture croisée avec l'abondante législation internationale de droit de la propriété industrielle, portée par les organisations régionales ou l'OMPI.

Aux pouvoirs publics, un vibrant appel est lancé en vue de remodeler les programmes d'enseignement en vigueur en RDC, et ce, à tous les niveaux. Par un enseignement de qualité, tourné vers la technologie et l'encouragement aux bricolages, à l'apprentissage des aspects innovants sous toutes ses formes, on assistera à l'éclosion des inventeurs.

Un appel est aussi adressé aux sociétés commerciales congolaises – *précisément, celles de transformation des produits miniers et/ou agricoles ou celles qui s'occupent de la technologie et du savoir technique, etc.* – afin qu'elles réorganisent leurs services en y incluant la branche recherche et développement (R&D), qui est l'ADN de l'innovation.

En effet, la branche recherche et développement au sein d'une entreprise a pour rôle de favoriser des contacts avec les inventeurs.

Les étudiants et les inventeurs peuvent s'approprier cette étude pour mettre en pratique le b.a.-ba qu'elle développe, et plus précisément, le *process* sur la façon de rechercher les informations en matière de brevets.

L'auteur

PRÉFACE

La loi n°82-001 du 7 janvier 1982 régissant la propriété industrielle et l'ordonnance n°89-173 du 7 août 1989 portant mesures d'exécution de cette loi constituent essentiellement la législation en matière de propriété industrielle en droit congolais.

C'est dans le cadre de cette législation et de cette matière assez techniques et complexes que Maître Roger EALE MPAKAMA a eu le courage et la volonté affirmée de disserter spécialement sur la recherche d'informations en matière de brevets et le système international de leur protection.

Par cet ouvrage, Maître Roger EALE MPAKAMA contribue non seulement à la vulgarisation de la législation en matière de propriété industrielle, de manière générale, et de brevets, de manière spécifique, mais aussi et surtout il met à la disposition du public les notions essentielles qui permettent de nourrir l'esprit de créativité.

Nous pensons que les inventions dans un pays sont aussi fonction de la volonté réelle d'un peuple, dans la quête permanente de son développement, à accéder aux nouvelles technologies indispensables à tout développement.

La protection d'une invention par l'obtention d'un brevet garantit à son titulaire le privilège monopolistique d'exploitation de celle-ci.

Il est donc important d'encourager tous ceux qui ont eu un esprit doué pour toute invention brevetable en leur livrant les informations nécessaires et essentielles comme vient de le faire Maître Roger EALE MPAKAMA.

Maître Roger EALE MPAKAMA mérite donc nos félicitations et nos encouragements pour son esprit de recherche car cette étude est suffisamment documentée.

Et pour promouvoir et favoriser l'invention dans notre pays, c'est avec raison que l'auteur de cet ouvrage propose à l'État congolais la création de la Haute Autorité de la Propriété Industrielle.

Puisse cet outil de travail, qui est de qualité, inspirer tout esprit d'invention pour le bien-être de notre nation dans tout le domaine utile de la vie.

Ainsi, nous souhaitons plein succès à cet ouvrage.

Fait à Kinshasa, le 5 février 2022.

Maître Michel SHEBELE MAKOBA
Bâtonnier national
Avocat à la Cour de cassation et au Conseil d'État
Conseil à la Cour Pénale Internationale
Membre du Conseil National de l'Ordre
Président/Codification/Règles professionnelles
Secrétaire de l'Ordre/Barreau près la Cour Suprême de Justice
Mandataire en Propriété Industrielle
Membre/Commission permanente de Réforme du Droit Congolais

INTRODUCTION GÉNÉRALE

I. EXPOSÉ DE LA PROBLÉMATIQUE

Au même titre que les droits de l'homme[1], qui ont connu une inflation fulgurante par une abondante quantité des textes[2] qui les protègent, les inventions se sont dotées depuis des décennies d'un corps de règles relatives à leur sécurité juridique.

La réponse aux multiples problèmes soulevés par la croissance d'inventions fut le brevet comme titre de propriété temporaire.

Il faut toutefois reconnaître que le brevet d'invention a une origine bien lointaine. En résumé, on note que le brevet protège les inventions techniques susceptibles d'application industrielle. Il est un titre de propriété qui octroie des droits exclusifs dont celui d'exploitation par son titulaire.

Selon une acception généralement admise, le brevet protège une innovation technique qui apporte une solution technique à un problème technique donné[3].

De ce qui précède, la propriété industrielle a toujours été protégée dans les États organisés parce qu'elle constitue une

---

[1] Dans *Droits de l'homme: défense et illustrations*, Paris, Cerf, 1987, p. IX, Alan Gerwith note que « le concept des droits de l'homme a été au cœur de certains événements les plus décisifs de l'époque moderne. C'est en son nom que la révolution a été proclamée et menée en Grande-Bretagne, en Amérique et en France, aux XVIIe et XVIIIe siècles, ainsi que la lutte contre l'esclavage ».

[2] Les plus grands textes de protection des droits de l'homme sont *The Bill of the Right* de 1215, la *Déclaration des droits de l'homme* de 1789 et la *Déclaration universelle des droits de l'homme* de 1948. Voy. Gerwith, A., *op. cit.*, p. IX.

[3] Stérin, V. et Druez, M.-C., *Le guide de la propriété intellectuelle*, Paris, Delmas-Dalloz, 2009, n°150, p. 67.

valeur comptable, une richesse pour les particuliers mais aussi pour la nation[4].

En matière de brevets, si l'information constitue l'âme de l'activité inventive, pouvant être exploitée par un tiers (personne physique ou morale) désireux de perfectionner une machine, un moteur ou un dispositif mis sur pied et protégé par un brevet, il y a lieu de reconnaître qu'elle est la substance même de l'innovation.

En droit congolais et selon le système de protection internationale ou régionale de brevets, lorsqu'on recherche par exemple les données techniques d'un brevet d'invention, on doit s'assurer que le problème est bien posé.

La recherche d'informations en matière de brevet, telle que prévue par l'article 12 de la Convention de Paris du 20 mars 1883 et 29 des ADPIC, peut être dégagée de la lecture croisée des dispositions de la loi régissant la propriété industrielle.

Ainsi, des articles 59 et 60, alinéa 3, de la loi n°82-001 du 7 janvier 1982 régissant la propriété industrielle d'une part, et 8 de l'ordonnance n°89-173 du 7 août 1989 portant mesures d'exécution de cette loi, d'autre part, on note que le ministre ayant l'industrie dans ses attributions tient un registre national contenant les informations relatives aux brevets.

Ces renseignements intéressent au plus haut point un innovateur.

L'ensemble de ces renseignements ou informations peuvent être obtenus par le truchement des mémoires descriptifs des brevets déposés ou tombés dans le domaine public.

Cependant, les dispositions des articles 12 de la Convention du 20 mars 1883 et de l'article 29 de l'Accord sur les ADPIC sont beaucoup plus claires que les dispositions des articles 59 et 60 précités.

---

[4] Kumbu ki Ngimbi, J.-M., *Droit de la propriété intellectuelle : manuel d'enseignement*, Kinshasa, Galimages, 2009, p. 8.

En dépit du caractère très peu prononcé des dispositions des articles 59 et 60 de la loi congolaise régissant la propriété industrielle, on peut affirmer que le référentiel d'informations pour innovation est disponible dans les différents registres tenus par l'administration chargée de l'industrie et dans les différents moteurs de recherche, qui offrent un accès gratuit.

Quant à la Convention de Paris, par exemple, l'article 12 précité prévoit que « chacun des pays de l'Union s'engage à établir un service spécial de la propriété industrielle et un dépôt central pour la communication au public des brevets d'invention, des modèles d'utilité, des dessins ou modèles industriels et des marques de fabrique ou de commerce. Ce service publiera une feuille périodique officielle. Il publiera régulièrement : a) les noms des titulaires des brevets délivrés, avec une brève désignation des inventions brevetées ; b) les reproductions des marques enregistrées »[5].

On note qu'il est institué un registre spécial pour la communication au public sur les brevets d'invention, des modèles d'utilité, des dessins ou modèles industriels et des marques de fabrique ou de commerce.

Ces informations sont complètement gratuites.

Par application combinée de ces dispositions, on peut affirmer que la recherche d'informations en matière de brevets est disponible pour tout innovateur se trouvant en RDC.

Les informations recherchées peuvent aussi être obtenues, sur le plan international ou régional, en ayant recours au moteur de recherche de l'OMPI (Organisation Mondiale de la Propriété Intellectuelle) ou aux moteurs de recherche classifiés en région (classification régionale) : OEB (Office Européen de Brevets), JPO IPDL (Japon), USPTO PatFT/AppFT (USA), Korean IP Office (Kipo), China Patent Office (SIPO), Taiwan IP Office (Tipo), ARIPO (Africain Regional Intellectual Property

---

[5] Article 12 de la Convention de Paris de 20 mars 1883, in Code Larcier RDC, T. I., *Droit civil et judiciaire*, Bruxelles, De Boeck & Larcier, 2003, p. 235.

Organisation) ou OAPI (Organisation Africaine de la Propriété Intellectuelle).

Il en est de même des données d'un brevet protégé dans un pays donné, et qui n'est pas protégé en République Démocratique du Congo.

L'innovateur peut obtenir des informations nécessaires sur les données de sa recherche sans en payer le moindre coût car la protection de brevet est soit géographique (locale), régionale, ou internationale, par le truchement de l'OMPI.

Il résulte que tout innovateur, qui veut obtenir des informations précises au sujet de son projet d'innovation, à partir, par exemple, du numéro d'identification PCT (Patent Cooperation Treaty), ou selon la demande de priorité, ou suivant d'autres techniques de recherche dans les différents moteurs de recherche suivants : Espacenet (OEB) ou Patentscope (OMPI), doit poser clairement le problème ou préciser sa démarche.

Ces bases des données, en matière de brevets d'invention, contiennent des informations gratuites pour les innovateurs.

La position du problème nous amène à affirmer que la recherche d'informations en matière de brevet (pris comme titre de propriété) est peu connue du public, comme d'ailleurs le sont les informations techniques protégées dans ce document.

Pour avoir accès aux informations contenues dans un document brevet, il faut consulter les registres des offices des brevets ou les moteurs de recherches qui mettent à la disposition du public les informations technologiques brevetées.

En clair, les informations ne sont accessibles que pour une catégorie de personnes, à savoir : les initiés aux techniques de recherche d'informations en matière de brevets ; d'où le caractère un peu mystérieux des techniques et stratégies de recherche d'informations en matière de brevets.

L'économie de la loi congolaise régissant la propriété industrielle n'est pas plus aisée en cette matière, et son application par le juge n'a pas été possible faute d'inventions.

Enfin, la mise en place d'une politique capable de gérer le secteur de demande et d'exploitation effective de brevets peut poser et soulever des questions dont les contours sont difficiles à cerner.

Dans cet ordre d'idées relatives à la recherche d'informations gratuites, il faut savoir que certains fournisseurs proposent des services d'information à valeur ajoutée en matière de brevets contre paiement. Grâce à ces services payants, les innovateurs peuvent obtenir les informations souhaitées pour leur recherche ou pour des applications utiles. Une liste de ces bases de données peut être consultée sur le site Web de Patent Information Users Group (PIUG) à l'adresse www. Piug.org/vendors.php[6].

Ainsi, on peut sous licences, obtenir les informations brevetées contre paiement indiqué dans le contrat entre parties (en droit congolais, les dispositions des articles 64 à 87 de la loi régissant la propriété industrielle restent d'application).

Dans les cas de recherche d'informations gratuites ou payantes, les questions de recherche doivent être précises en vue d'obtenir des réponses adéquates. Les informations disponibles en matière de brevets peuvent contribuer à la création d'emplois et à l'amélioration des conditions de vie de milliers des citoyens de la République Démocratique du Congo, qui est encore un des pays du tiers monde.

Les petites entreprises ou les start-up, souvent en quête de financement, peuvent rechercher des informations gratuites pour accroître leur trésorerie.

Pour les grandes entreprises, généralement en pole position, les informations brevetées auxquelles elles recourent

---

[6] *Guide sur les brevets comme moyen d'accès à la technologie*, Genève, OMPI, 2010, www.wipo.int/patentscope/fr, consulté le 12 mai 2015.

permettent leur maintien dans le carré d'as et élargissent leur portefeuille.

Les informations auxquelles elles recourent sont payantes. Des exemples éloquents sont donnés dans les domaines très lucratifs des télécommunications, de la pharmacie ou de la technologie de pointe, etc. Pour ce faire, elles peuvent recourir aux services d'un mandataire en propriété industrielle ou contacter directement l'inventeur.

Les questions relatives à la priorité de la demande de dépôt de brevet, au plagiat des données techniques ou même à la commercialisation des produits issus de l'invention ou de l'innovation, etc., seront analysées de façon incidente dans la présente étude.

Le droit congolais des brevets est porté par la loi n°82-001 du 7 janvier 1982 régissant la propriété industrielle[7]. L'obsolescence de cette loi de propriété industrielle, du reste à l'image du désintérêt des pouvoirs publics paraît être un frein tant pour l'inventeur que pour les sociétés commerciales désireuses d'investir dans les actifs immatériels.

Il en résulte que, d'une part, la loi sous examen ne s'adapte plus aux questions soulevées par l'abondante technologie apparue au XXIe siècle et que, d'autre part, elle ne prend pas en compte les engagements internationaux de la République démocratique du Congo[8].

Pour se rendre compte de cet état des choses, il suffit de contempler par exemple les effets produits par l'accélération de la technologie actuelle, la robotique qui rivalise avec le travail de l'homme, la nanotechnologie appelée aussi la

---

[7] La loi n°82-001 du 7 janvier 1982 régissant la propriété industrielle, en République Démocratique du Congo, est dépassée. Un appel pressant est fait à l'endroit des autorités congolaises pour l'adoption d'une nouvelle loi ; voy. Nkumu Nsele, L.-M. et Elangi Ituku Botoy, *Le cadre législatif congolais en matière de propriété intellectuelle*, 2010, www.wipo.int, consulté le 3 janvier 2015.

[8] La RDC est membre de l'OMC et est de droit membre du Traité sur les aspects de droit de propriété intellectuelle qui touchent au commerce du 15 avril 1994 (Trips).

science des petites particules, la médecine légale, l'électronique, etc., qui fondamentalement, posent des problèmes juridiques complexes que le législateur de 1982 ne pouvait prendre en compte.

D'où l'intérêt de modifier le cadre légal de la propriété industrielle, porteur du développement économique dans les États développés.

C'est dans ce cadre légal dépassé que se situe la présente étude, qui examine la question de recherche d'informations en matière de brevet.

A. Ce que l'on entend par invention

Le législateur congolais n'a pas défini ce qu'il considère comme « invention ». On peut cependant considérer celle-ci « comme résultant d'une activité inventive si, au dire d'expert, elle ne découle pas de manière évidente de l'état de la technique, soit dans le moyen, l'application, la combinaison des moyens ou le produit qui en fait l'objet, soit dans le résultat qu'elle procure »[9].

On est bien en face d'une « résultante » plutôt que d'une définition à proprement parler du mot « invention ».

Cependant, Jacques PICOTTE note qu'il s'agit de « toute réalisation, tout procédé, toute machine, fabrication ou composition de matières, ainsi que tout perfectionnement de l'un d'eux, présentant le caractère de la nouveauté et de l'utilité »[10].

Cette présentation photographie approximativement ce qu'il faut savoir d'une invention.

Ainsi, loin des considérations liées au caractère complexe des formules utilisées dans les procédés des réalisations techniques ou des produits brevetés, la définition de Jacques

[9] Article 9 de la loi n°82-001 du 7 janvier 1982 régissant la propriété industrielle.

[10] Picotte, J., *Juridictionnaire*, Canada, Faculté de droit de Moncton, 2005, p. 1517.

PICOTTE allie technique et utilité du résultat de l'activité inventive.

En droit des brevets, une invention est généralement considérée comme étant une solution nouvelle et inventive à un problème technique.
Elle peut porter sur la création d'un dispositif, d'un produit, d'une méthode ou d'un procédé entièrement nouveau, ou peut seulement consister à améliorer de manière progressive un produit ou un procédé connu. Le simple fait de trouver quelque chose qui existe déjà dans la nature ne constitue pas nécessairement une invention ; il faut une somme suffisante d'ingéniosité, de créativité et d'esprit d'invention humains[11].

B. Le brevet comme moyen de protection juridique

On ne peut parler du brevet comme moyen de protection juridique d'une invention que dans la mesure où la demande de ce titre de propriété a fait l'objet d'un dépôt.

Il en découle, sur le plan purement pratique, que l'objet du droit de brevet est notamment d'assurer au titulaire, afin de récompenser l'effort créateur de l'inventeur, le droit exclusif d'utiliser une invention en vue de la fabrication et de la première mise en circulation de produits industriels, soit directement, soit par l'octroi de licences à des tiers[12].
Les conditions d'accès à la brevetabilité (des réalisations techniques, des produits et des procédés) sont bien encadrées par la loi régissant la propriété industrielle.

---

[11] Verbauwhede Koglin, L. *et al.*, « Initiation aux brevets pour les petites et moyennes entreprises », *Inventer le futur*, n°3, 2018, Genève, OMPI, p. 10, www.wipo.int/sme/, consulté le 19 août 2018.

[12] Alma-Delettre, S. *et al.* (dir. M. Vivant), *Les grands arrêts de la propriété industrielle, 2004*, Paris, Dalloz, 2003, p. 33.

1. Réalisations techniques

Les réalisations techniques brevetables doivent être nouvelles et susceptibles d'application industrielle.

Ainsi, un brevet pourra être obtenu pour toute invention, de produit ou de procédé, dans tous les domaines technologiques, à condition qu'elle soit nouvelle, qu'elle implique une activité inventive et qu'elle soit susceptible d'application industrielle[13]. Mais toute création intellectuelle n'est pas susceptible d'être protégée par un brevet d'invention. L'octroi d'un monopole ne se justifie que si ses avantages sont supérieurs aux inconvénients qui en résultent à l'égard de la libre concurrence[14].

2. Produit

Un produit est un objet matériel résultant impérativement, dans le domaine du brevet, d'une opération technique[15].

3. Procédé

Tout moyen de fabrication qui permet d'obtenir un produit ou un effet technique particulier est un procédé[16].

Il résulte que la protection juridique d'une invention, accordée à un inventeur (salarié ou indépendant) par les pouvoirs publics, peut accroître les chances de se prémunir des contrefaçons dont sont victimes les entreprises, qui ont investi plusieurs capitaux dans la recherche-développement (R&D).

---

[13] Article 27 de l'ADPIC, in Schmitz, I., *Les codes commentés Larcier. Droits d'auteur et droits voisins*, Bruxelles, Larcier, 2011, p. 104.

[14] Schmidt-Szalewski, J. et Pierre, J.-L., *Droit de la propriété industrielle*, 3e éd., Paris, Litec, 2004, p. 32.

[15] Delannoy, S., *La protection juridique d'un parfum* [en ligne], Mémoire de Master 2 Droit fondamental des affaires, Université des sciences sociales Toulouse I, 2006-2007, p. 29.

[16] *Ibid.*

Une procédure de demande de dépôt de brevets, fût-elle bien encadrée, ne dédouane pas le titulaire d'un brevet des contrefaçons du brevet (ou des produits issus de ce titre temporaire lui concédé par l'État).

Naturellement, cela ouvre la voie à une action en contrefaçon.

En France par exemple, une action en contrefaçon de brevet se double en général d'une demande reconventionnelle en nullité du brevet, au sein de la même procédure. Cela signifie que le défendeur à l'action en contrefaçon réplique en général en mettant en question la validité du brevet qu'on lui oppose. S'il est jugé que le brevet est nul, il est alors jugé en conséquence qu'aucun acte de contrefaçon du brevet n'a été commis. Ainsi, le même magistrat juge à la fois de la validité et de la contrefaçon[17].

En revanche, en Chine, les questions de contrefaçon du brevet et de validité de ce même brevet sont habituellement jugées dans des procédures séparées. Ainsi, la validité du brevet est examinée par la Chambre de réexamen des brevets (PRB pour Patent Re-examination Board), tandis que la contrefaçon est jugée par un tribunal de la contrefaçon. Par conséquent, le tribunal jugeant de la contrefaçon ne se prononce pas sur la validité du brevet[18].

En RDC, est brevetable toute invention nouvelle qui, résultant d'une activité inventive, est susceptible d'être exploitée comme objet d'industrie[19]. La brevetabilité étant entendue comme la seule condition fixée par le législateur, pour protéger une invention.

---

[17] Voy. L'Interprétation Judiciaire II de la Cour Suprême du Peuple sur les lois applicables au jugement de dispute de brevet, http://www.court.gov.cn/fabu-xiangqing-18482.html ; Commentaires sur l'Interprétation Judiciaire II, http://china.findlaw.cn/info/qinquanzerenfa/qbqqzr/zlqq/20160323/1261677.html ; Commentaires approfondis sur les points intéressants de l'Interprétation Judiciaire II, http://blog.sina.com.cn/s/blog_621690770102wc4x.html, sites consultés le 14 août 2020.

[18] *Ibid.*

[19] Article 6 de la loi n°82-001 du 7 janvier 1982 régissant la propriété industrielle.

Le législateur congolais a exclu expressément de la brevetabilité les principes et conceptions théoriques, les créations ornementales, les méthodes financières et les inventions dont la publication reste contraire à l'ordre public[20].

L'action en nullité de brevet, en droit congolais, est également doublée d'une action en répétition du prix ou des redevances payées au breveté, si elles prouvent que, du fait de celui-ci, elles n'ont pas retiré de l'usage du brevet les avantages escomptés[21].

II. HYPOTHÈSES ET APPROCHE MÉTHODOLOGIQUE

Il n'y a pas d'observations sans formulation d'hypothèses de recherche, si sommaires soient-elles[22].

Dès lors, la quête des réponses aux hypothèses d'un travail scientifique, qu'elle soit principale ou sous-jacente, demeure toujours préoccupante pour tout chercheur. Le sujet sous examen se focalise sur une hypothèse principale, qui s'articule de la manière suivante : les données d'un brevet peuvent-elles être consultées, pour innovation, par le dispositif prévu par le législateur congolais dans la loi n°82-001 du 7 janvier 1982 régissant la propriété industrielle et selon la classification internationale de brevets ?

De cette hypothèse émanent trois indicateurs sous-jacents :

- l'inaccessibilité d'informations en matière de brevets est-elle liée à l'absence de vulgarisation de la loi régissant la propriété industrielle ?

---

[20] Article 12 de la loi n°82-001 du 7 janvier 1982 régissant la propriété industrielle.

[21] Les articles 96 à 99 de la loi n°82-001 du 7 janvier 1982 régissant la propriété industrielle.

[22] Loubet del Bayle, J.-L., *Initiation aux méthodes des sciences sociales*, Paris, Les Classiques des sciences sociales, 2000, p. 46.

- pourquoi le juge congolais, censé appliquer la loi régissant la propriété industrielle, n'est-il pas constamment saisi des contestations issues des données de brevet ?
- pourquoi les entrepreneurs congolais (petits et grands) ne recourent-ils pas aux brevets comme source de savoirs technologiques susceptibles d'améliorer les résultats et gains économiques ?

Bien que la recherche d'informations en matière de brevet n'ait guère suscité d'intérêt, des recommandations de prospective sont urgentes pour permettre aux décideurs de revoir de fond en comble la loi en vigueur et de rendre attractif le secteur de protection des inventions, en vue de constituer une source des recettes au budget de l'État.

Les fils conducteurs des prochains développements de l'étude demeurent la loi et les différentes données de classification internationale de protection de brevet, à partir desquelles les informations brevetées peuvent assurer l'innovation chez les chercheurs, entreprises, inventeurs, étudiants, etc.

Pour y parvenir, une méthodologie est indispensable.

On peut noter que la méthode est l'ensemble d'opérations intellectuelles permettant d'analyser, de comprendre et d'expliquer la réalité étudiée. Elle désigne donc une démarche logique, indépendante du contenu particulier de la recherche, et qualifie des processus et des formes de perception et de raisonnement destinés à rendre intelligible la réalité à appréhender[23].

L'approche méthodologique reste documentaire. Mais il résulte que rechercher les informations en matière de brevets en droit congolais et selon la classification internationale conduit fondamentalement à examiner aussi le sujet par l'approche juridique et comparative.

---

[23] Loubet del Bayle, J.-L., *op. cit.*, p. 28.

La méthode juridique consiste à examiner la loi qui définit le brevet. Ainsi, les questions relatives à la demande de dépôt de l'invention, aux conditions de son octroi, à la durée de brevet, à l'exploitation de ce précieux document et aux actions liées à l'exploitation illicite par un tiers du brevet demeurent des points pouvant donner des réponses à la problématique du thème sous examen.

Le recours à la jurisprudence exposera la façon dont le juge applique la loi.

S'agissant de la jurisprudence congolaise, particulièrement, elle est rare et les commentaires qui seront apportés ne couvriront pas l'ensemble des aspects de la loi n°82-001 du 7 janvier 1982 régissant la propriété industrielle. La jurisprudence de l'époque coloniale (décret du 29 octobre 1886 sur les brevets) sera examinée pour des raisons historiques.

Concrètement, les commentaires et enseignements feront recours aux données des brevets, des dessins et modèles industriels et des marques de fabrique, sans oublier que la jurisprudence étrangère imprégnant les questions récentes de la technologie, nous permettront de faire des recommandations pertinentes.

La méthode comparative, considérée comme la méthode fondamentale des sciences sociales[24], nous sera aussi d'un grand apport dans la présente étude. Jean-Louis Loubet del Bayle, citant Durkheim, dit qu'il la définissait comme une forme d'expérimentation indirecte[25].

III. INTÉRÊT DE L'ÉTUDE

Parler de la manière de rechercher les informations dans un brevet d'invention est d'un intérêt pertinent, qui ne peut être

---

[24] *Ibid.*, p. 297.

[25] Durkheim, É., *Les règles de la méthode sociologique*, Paris, PUF, 1968, cité par Loubet del Bayle, J.-L., *op. cit.*, p. 297.

mis en doute : le développement de l'homme (de la cité) s'est fortement accru à l'aide de la technologie, qui elle-même est devenue très complexe, mais aussi coûteuse pour son acquisition surtout pour les pays du tiers-monde.

Il s'ensuit que le brevet d'invention, comme titre de propriété et valeur en industrie, est resté depuis les grandes découvertes de la révolution industrielle, un outil catalyseur pour gagner de l'argent, garder une avance technologique sur ses concurrents et donner à l'homme (ou à la cité) les moyens de son développement.

Aujourd'hui, par exemple, il suffit d'un coup de fil pour relier deux endroits du monde, ce qui autrefois n'était qu'un leurre. En effet, le processus qui a mené de l'invention du téléphone au dépôt du premier brevet d'invention a été très laborieux. Le 14 février 1876, l'Américain d'origine anglaise Alexander Graham Bell dépose un brevet pour un système de transmission de la voix. Quelques heures plus tard, son compatriote Elisha Gray fait de même. Ce sont les recherches menées à partir de 1870 pour transmettre simultanément plusieurs messages sur la même ligne du télégraphe (inventé en 1837), en utilisant le courant alternatif et non continu, qui menèrent à l'invention du téléphone[26].

L'histoire a retenu le 10 mars 1876 comme date de la première transmission sur des fils électriques d'un message vocal, quand Bell réussit à transmettre jusqu'à une pièce située à un autre étage, où se tenait son assistant Thomas Watson, une phrase demeurée célèbre : « Monsieur Watson, venez ici, j'ai besoin de vous[27]. »

Avec le recul historique, l'utilité du téléphone n'est plus à démontrer : en effet, pour communiquer avec leurs congénères de villages et contrées avoisinants, nos ancêtres utilisaient le tam-tam. Les imperfections de cet instrument

---

[26] Voir site de www.universalis.fr, consulté le 19 août 2016.
[27] *Ibid.*

préhistorique étaient nombreuses. Non seulement ceux qui écoutaient le son du tam-tam devaient, pour en donner une interprétation, décoder correctement le message émis ou véhiculé, mais la communication elle-même n'était pas plus aisée qu'aujourd'hui. Plusieurs interprétations pouvaient être tirées de ce message confus, et cela pouvait être à la base du dysfonctionnement de la chefferie, ou simplement entretenir une confusion.

Le téléphone a pris le relais du tam-tam. Il devient incontournable et un merveilleux outil pour échanger, tenir des conférences, voire commercer. Aujourd'hui, rien ne se fait sans téléphone.

Mais derrière le téléphone, il y a des informations techniques complexes contenues dans des brevets d'invention qui s'y rapportent[28].

Il n'y a point de doute que les informations technologiques d'un téléphone, via un brevet d'invention – *tombé ou pas dans le domaine public* – constituent une source d'informations capables d'aider à une innovation technologique : plusieurs points de recherche sont possibles.

Enfin, par le brevet d'invention, on peut acquérir le transfert de technologie, d'où l'utilité d'étudier les informations brevetées en profondeur.

IV. DIFFICULTÉS RENCONTRÉES

La particularité du thème, la rudesse des considérations liées à la recherche d'informations en matière de brevets d'invention et la rareté d'écrits sur la thématique en RDC, constituent des problèmes rencontrés.

Durant les sept années de recherche et de privations, il a fallu des formations sur les techniques de recherche d'informations en matière de brevets d'invention de l'OMPI, acquérir des

---

[28] Voir www.histoire-pour-tous.fr, consulté le 19 août 2016.

ouvrages sur les brevets en général, les recherches d'informations en matière de brevets en particulier, consulter les greffes des cours et tribunaux de Kinshasa, en vue de trouver quelques décisions de justice et consacrer des heures et journées entières sur Internet afin de trouver les données de base appropriées.

Le travail de recoupement et de tri a pris des années entières pour donner un visage au sujet étudié, vu qu'il n'a pas d'ancêtre en RDC.

V. ANNONCE DU PLAN

Nous limitons le cadre de notre étude aux questions relatives à la recherche d'informations en matière de brevets en droit congolais et suivant les systèmes juridiques de leur protection de brevets.

Par ailleurs, la fiscalité en matière de brevets, la nature juridique des royalties, les redevances à payer par l'inventeur, les droits patrimoniaux attachés à l'invention, les contentieux liés aux activités de l'invention, etc., ne seront qu'effleurés, sans approfondir les contours liés à la pertinence de leurs implications juridiques.

Cependant, toutes ces questions pertinentes feront l'objet des prochaines études, même s'il faut reconnaître leur complexité et leur interdisciplinarité, surtout au sujet de questions susceptibles de susciter des discussions enrichissantes et forts passionnantes.

Nous abordons le sujet en deux parties distinctes. La première partie intitulée « Recherche d'informations en droit congolais et dans le système international de protection » comprend cinq chapitres :

- Chapitre I : Les origines du brevet d'invention
- Chapitre II : Le brevet d'invention considéré comme élément du patrimoine immatériel d'une société commerciale

- Chapitre III : Considérations sur le brevet d'invention et recherche d'informations
- Chapitre IV : Nature juridique des informations obtenues pour une innovation
- Chapitre V : Problématique de la recherche d'informations en matière de brevets

La seconde partie s'intitule « Systèmes juridiques de protection de brevets ». Elle comporte six chapitres.

- Chapitre VI : L'accès à l'information d'un brevet d'invention tombé dans le domaine public
- Chapitre VII : L'accès aux informations payantes d'un brevet d'invention
- Chapitre VIII : Systèmes juridiques de protection des brevets comme droits de propriété intellectuelle
- Chapitre IX : Les stratégies et techniques de recherche d'informations en matière de brevets et le rôle du CATI
- Chapitre X : Les implications fiscales des opérations liées au brevet
- Chapitre XI : Examen de quelques questions opérationnelles relatives à l'exploitation d'un brevet d'invention par une société commerciale

Chacune des deux parties étudiées est dotée d'une conclusion partielle et une conclusion générale clôturera l'ensemble de la présente étude.

PREMIÈRE PARTIE

RECHERCHE D'INFORMATIONS EN DROIT CONGOLAIS ET DANS LE SYSTÈME INTERNATIONAL DE PROTECTION

CHAPITRE I
LES ORIGINES DU BREVET D'INVENTION

I. L'ITALIE

Calvert[29] note que, dans « le banquet des sages » du troisième siècle, Athenaeus raconte que, dès six cents ans avant notre ère, de véritables brevets d'invention avaient déjà été délivrés à Sybaris.

Cette colonie grecque d'Italie, réputée particulièrement pour sa gastronomie, avait stipulé dans un texte officiel que l'inventeur d'un nouveau plat bénéficierait d'un monopole absolu pendant une durée d'un an, à dater de sa création[30].

On est encore loin des procédures qui entourent la divulgation des contenus du brevet pour exploitation par les hommes du métier.

Par ailleurs, le document brevet qui constitue actuellement une importante source d'informations couvrant des réalisations technologiques en tous les domaines, n'avait pas le même éclat à Sybaris.
Aujourd'hui, il est plus facile d'utiliser l'information en matière de brevets pour rechercher les technologies du monde entier[31]. À cet effet, le système des brevets vise à encourager l'innovation et la croissance économique[32].

---

[29] Calvert, C., *Patent Practice and Invention Management*, New York, Reinhold, 1964, p. 385 cité par Zhang, S., *De l'OMPI au GATT. La protection internationale des droits de la propriété intellectuelle*, Paris, Litec, 1994, p. 34.

[30] *Ibid.*, cité par Zhang, S., *op. cit.*, p. 13.

[31] *Guide sur les brevets comme moyen d'accès à la technologie*, Genève, OMPI, 2010, www.wipo.int/patentscope/fr, consulté le 19 mai 2015.

[32] *Ibid.*

II. L'ÈRE INDUSTRIELLE

L'ère industrielle a démarré en 1770 en Grande-Bretagne. Les développements technologiques qui lui sont liés se sont rapidement accélérés, au point que le savoir technologique porté par les inventeurs a très vite impacté le document brevet, recherché à prix d'or dans tous les pays avoisinant l'Angleterre.

En effet, le document brevet mettait à la disposition du public, depuis l'ère industrielle, le détail descriptif de l'invention.

Dans un style plus clair, Shu ZHANG révèle par exemple qu'au tournant du siècle, la vapeur a supplanté l'eau dans le nord de l'Angleterre et que, vers 1850, l'usine a dominé dans la production des tissus, mais aussi du papier, de la céramique, des métaux, du verre et, surtout, des machines[33].

L'an 1770 est le point de départ d'une époque abondante en inventions, qui est jalonnée de créations merveilleuses dans tous les domaines d'activités humaines.
N'oublions pas que, derrière ces œuvres créatives, originales et utilitaires, énormément d'argent a été dépensé et beaucoup de cerveaux ont été mobilisés[34]. Cependant, la structuration des normes relatives au brevet n'a pris corps que bien après.

III. LA FRANCE

En France, Yves FAURE note que le droit d'auteur est un droit fondateur de l'ensemble des droits de propriété intellectuelle, qui a été suivi en 1800 par la survenance du droit des brevets visant à protéger l'exploitation des inventions, ceci du fait d'un arrêté du Gouvernement du 5 vendémiaire an IX[35].

---

[33] Zhang, S., *op. cit.*, p. 39.

[34] Calvert, C., *op. cit.*, p. 385, cité par Zhang, S., *op. cit.*, p. 13.

[35] Faure, S., *Le contentieux de la contrefaçon. La réponse du droit français à l'atteinte aux droits de propriété intellectuelle* [en ligne]. Thèse présentée en vue du titre de doctorat, Université de Toulouse, année 2014, p. 7.

Ces deux matières sont à l'origine du droit de la propriété intellectuelle moderne et fondent alors la *summa divisio* entre les droits de la propriété littéraire et artistique et de la propriété industrielle telle qu'elle se retrouve depuis la promulgation du Code de la propriété intellectuelle par la loi n°92-597 du 1er juillet 1992[36].

Autant que les origines de la technique remontent très loin, avec au départ des *inventeurs* qui n'ont cessé de mettre au point des technologies perfectibles pour la société, autant la création du marché des actifs immatériels ne s'est réalisée que graduellement et lentement. Ces transformations forment le substrat et le ciment des développements actuels.

IV. L'ÈRE CONTEMPORAINE

De nos jours, la propriété intellectuelle s'associe au transfert de technologie. Ce mariage est perçu comme une nécessité pour les PMA, qui sont tenus de prendre des lois souples et aptes à subvenir au développement technologique.

En effet, la protection et le respect des droits de la propriété intellectuelle devraient contribuer à la promotion de l'innovation technologique, au transfert et à la diffusion de la technologie, à l'avantage mutuel de ceux qui génèrent et de ceux qui utilisent des connaissances techniques, d'une manière propice au bien-être social et économique, et assurer un équilibre de droits et d'obligations[37].

La Constitution de la RDC du 18 février 2006, telle que modifiée par la loi n°11/002 du 20 janvier 2011 portant révision de certains articles de la Constitution de la République Démocratique du Congo reconnaît la question de

---

[36] *Ibid.*

[37] Article 7 de l'ADPIC, in Schmitz, I., *op. cit.*, p100.

brevet en ces termes confus : « Les droits d'auteur et de propriété intellectuelle sont garantis et protégés par la loi[38]. »

Depuis l'entrée en vigueur de la loi n°82-001 du 7 janvier 1982 régissant la propriété industrielle, le juge ne l'a appliquée que sporadiquement, comme nous le verrons plus loin[39].

En outre, les pouvoirs publics n'ont accordé que très peu d'intérêt à ce secteur qui s'est pourtant révélé plutôt porteur d'emplois, d'accroissement d'impôts et donc capable d'améliorer le budget de l'État congolais.

Très récemment, on a noté, à la faveur du document de stratégie de croissance et de réduction de la pauvreté[40], une prise de conscience des pouvoirs publics congolais en ces termes, dans les différentes stratégies pour la croissance et la réduction de la pauvreté :

« ... (ii) développer la normalisation et la propriété industrielle... Renforcer l'offre des connaissances scientifique, technique et d'innovation par : (i) la réalisation des études dans les domaines de la vie et (ii) la valorisation des résultats de recherche. Pour jouer son rôle de développement de la RDC, une synergie doit être créée entre les institutions de recherche sous tutelle du Ministère, les établissements d'enseignement supérieur et universitaire ainsi que les organismes privés.

---

[38] Voy. l'article 46, alinéa 2, de la Constitution de la République Démocratique du Congo. La formulation actuelle de cet article 46, alinéa 2, n'est pas pertinente. Elle doit être, impérativement, modifiée parce que les droits d'auteur font partie du droit de propriété intellectuelle, qui, dans ses deux composantes, intègre aussi le droit de propriété industrielle qui étudie les droits susceptibles d'enregistrement. C'est nous qui le soulignons à la lumière des études de Vogel, L., Ripert, G., Roblot, R. et Germain, M., *Traité de droit commercial. 1. Actes de commerce, baux commerciaux, propriété industrielle, concurrence, sociétés commerciales*, 17e éd., Paris, LGDJ, pp. 474-478 et de Stérin, V. et Druez, M.-C., *op. cit.*, n°150, p. 5 ; voy. aussi le site www.wipo.int, consulté le 15 décembre 2015.

[39] Voir l'analyse de quelques décisions des cours et tribunaux congolais dans l'étude sous examen.

[40] La stratégie de croissance et de réduction de la pauvreté est contenue dans le Document de la Stratégie de Croissance et de Réduction de la Pauvreté (DSCRP), de 2e génération, vol. 1, 2011-2015 du ministère du Plan de la RDC.

De ce fait, la recherche doit revêtir un caractère transversal touchant tous les domaines du développement de la RDC notamment l'éducation, l'agriculture et la sécurité alimentaire, l'énergie, la santé, l'environnement et les ressources naturelles, l'industrie, les mines, l'eau… »[41].

Cet éveil des pouvoirs publics congolais, quoique tardif, est très significatif pour le monde des affaires en général, et le secteur de la propriété industrielle en particulier. Nous encourageons les pouvoirs publics à entrevoir les stratégies de promotion du droit de la propriété intellectuelle.

Dans le secteur de la propriété industrielle, qui reste vital, l'État[42] a pour mission de déterminer le cadre légal (législation appropriée), d'organiser et de fixer les règles des structures de gestion des demandes de brevets et de favoriser le développement du commerce des produits de propriété intellectuelle.

Les structures ou offices de gestion de brevets mettent à la disposition du public des informations gratuites ou payantes pour innovations. Dans le premier cas, les informations en matière de brevet sont obtenues lorsque le brevet tombe dans le domaine public. Dans le deuxième cas, le brevet est en vigueur. Toute recherche d'information est subordonnée à un prix.

Ainsi, la structure de gestion d'informations est un catalyseur des flux devant permettre à l'État et aux particuliers de s'appuyer sur la valeur pondérable issue d'informations brevetées.

De notre point de vue, ces informations sont dépendantes des économies des pays dits industrialisés, par leur force de compénétration. L'exemple le plus frappant est la qualité du

---

[41] Ministère du Plan de la RDC, DSCRP 2, vol. 1, 2011-2015, p. 97.

[42] Comme structure nationale appelée à garantir la sécurité juridique pour tous, à gérer la cité, réguler l'économie et le commerce par un cadre légal approprié, punir les hors-la-loi, etc. Cette mission régalienne lui est exclusivement réservée et il ne peut la confier à un particulier.

produit, assortie de l'existence de la marque présentée au public. Ainsi, c'est la marque elle-même en tant que signature qui est recherchée comme moyen pour le consommateur d'afficher sa singularité[43].

V. IMPACT DU BREVET D'INVENTION DANS L'ÉCONOMIE

La qualité d'un produit engage l'entreprise dans son ensemble[44] : au bout du compte, l'originalité dans la conception du produit, la maîtrise du processus de production, la qualité du management et de la gestion des hommes, le contrôle des coûts, l'efficacité du réseau de vente… concourent dans une certaine mesure à la qualité du produit[45]. Il en ressort un impact certain de la marque véhiculée par l'entreprise, qui a investi dans la visibilité du produit vis-à-vis des consommateurs. Cette considération vaut aussi pour le brevet d'invention.

Une étude menée par Monsieur Mabrouki Mohamed en 2017 le souligne fort à propos, précisant par exemple que « le nombre de brevets délivrés dans le monde en 2010 étaient environ deux millions, contre presque un million en 1990, selon les statistiques de l'Organisation Mondiale de la Propriété Intellectuelle (OMPI) »[46].

Cette étude a présenté une large revue des dépôts et délivrances des brevets dans le monde. Il en ressort qu'entre 1990 et 2010 le nombre des brevets déposés aux États-Unis (United States Patent and Trademark Office, [USPTO]) a

---

[43] Raimbourg, P. et Boizard, M., *Ingénierie financière, fiscale et juridique*, 2e éd., Paris, Dalloz, 2009, p. 32.

[44] *Ibid.*

[45] *Ibid.*

[46] Mabrouki, M., « Brevet d'invention et croissance économique : une analyse dans le cadre de l'économie tunisienne durant la période 1970-2010 », *International Journal of Scientific & Engineering*, vol. 8, n°1, janvier 2017, p. 1953, http//www.user.org.

augmenté d'environ 185 % et celui déposé en Europe (Office Européen des Brevets [OEB]) de 135 % environ. Durant la même période, le nombre des brevets déposés en Tunisie (INNORPI) a multiplié de plus de trois fois (160 en 1990, contre 549 en 2010)[47]. Cette statistique reflète l'importance accrue accordée aux brevets[48].

Les retombées économiques des demandes et délivrances de brevets soutiennent les économies des pays développés. Ces statistiques ne constituent toutefois pas de simples artifices, bien au contraire. En effet, explique Monsieur Mabrouki Mohamed, qui s'est référé aux études de Douglass North[49], Schumpeter[50], Nordhaus[51], Guellec et Ralle[52], Romer[53], ces taux de croissance sont liés aux deux variables suivantes : le Produit Intérieur Brut (PIB) et le nombre des brevets déposés[54].

Ces informations intéressent au plus haut point les marchés financiers, les chercheurs, les inventeurs, les laboratoires de recherche et les décideurs, ce qui accroît le flux des ressources des actifs incorporels.

Si l'on sait que, pour l'essentiel, l'État ne vit que des impôts, taxes et autres redevances liés aux activités de ses concitoyens, il n'en demeure pas moins vrai que le secteur des

---

[47] *Ibid.*

[48] *Ibid.*

[49] Douglass, N., *Institutions, Institutional Change and Economic Performance*, Cambridge University Press, 1990, cité par Mabrouki, M., *op. cit.*, p. 1953, http//www.user.org.

[50] Schumpeter, J., *Théorie de l'évolution économique. Recherche sur le profit, le crédit, l'intérêt et le cycle de la conjoncture*, 1911 (trad. fr.), Paris, Dalloz, cité par Mabrouki, M., *op. cit.*, p. 1953, http//www.user.org.

[51] Nordhaus, W., *Invention, Growth and Welfare*, MIT Press, 1969, cité par Mabrouki, M., *op. cit.*, p. 1953, http//www.user.org.

[52] Gellec, D. et Ralle, P., « Innovation, propriété intellectuelle, croissance », *Revue économique*, n°2, mars 1993, cité par Mabrouki, M., *op. cit.*, p. 1953, http//www.user.org.

[53] Romer, P., *Endogenous Technological Change*, University of Wisconsin mimeo, 2000, cité par Mabrouki, M., *op. cit.*, p. 1953, http//www.user.org.

[54] Mabrouki, M., *op. cit.* p. 1953, http//www.user.org.

actifs immatériels est, lui aussi, un pilier porteur de ressources.

La définition du brevet d'invention, donnée par Isabelle Marcus Mandel, Tamara Bootherstone et Pierre Masson rencontre bien la préoccupation soulevée ci-dessus. Ces auteurs définissent le brevet comme un droit de propriété industrielle qui permet, pour une période limitée, sur un territoire donné, d'interdire aux tiers non autorisés d'utiliser, de commercialiser ou de fabriquer une innovation technique[55].

On peut le considérer aussi comme un titre qui a pour but de protéger temporairement (pendant vingt ans) une invention technique, tout en la portant à la connaissance du public. Ce document incite un inventeur à ne pas garder son invention secrète, en échange de quoi il obtient un monopole sur son exploitation[56].

Il est aussi une *res*, un bien mobilier négociable et capable d'apporter une plus-value.

VI. LE BREVET D'INVENTION COMME BIEN MOBILIER

À ce stade, il n'est peut-être pas sans importance de rappeler qu'en droit civil le brevet est classé parmi les biens ou droits évaluables[57].

Entrent dans cette catégorie : les droits de créance ou droits personnels, les droits réels et les droits intellectuels[58].

---

[55] Marcus Mandel, I., Bootherstone, T. et Masson, P., *Le droit du design. Entreprises et designers, comment protéger, exploiter et défendre vos créations*, Paris, Dunod, 2012, p. 81.

[56] Bezbakh, P. et Gherardi, S., *Dictionnaire de l'économie*, Paris, Larousse, 2011, p. 142.

[57] Voirin, P. et Goubeaux, G., *Droit civil. Personnes-Famille. Personnes protégées. Biens-Obligations-Sûretés*, tome 1, 31e éd., Paris, LGDJ, 2007, n°597, p. 256.

[58] *Ibid.*

On comprend que les idées et les œuvres de l'esprit sont protégées par le droit au même titre que les choses[59].

L'inventeur qui fait la demande de protection de son invention obtient la protection juridique de son produit. Avec son brevet, il peut alors exploiter lui-même l'invention protégée, céder par un contrat de concession ou concéder le droit d'exploitation à des tiers moyennant signature d'un contrat de licence.

En contrepartie, l'inventeur divulgue son invention en présentant au public le mémoire descriptif.

L'auteur, le peintre, le sculpteur, le compositeur, l'inventeur ont des droits qui portent sur leur création. Ils peuvent tirer un profit pécuniaire (aspect patrimonial) et interdire à autrui de l'altérer (aspect extrapatrimonial). On parle à ce propos de propriété littéraire, artistique ou industrielle[60].

En droit civil congolais, les biens ou droits patrimoniaux sont de trois sortes : les droits de créance ou d'obligations, les droits réels et les droits intellectuels[61].

Par droits patrimoniaux, il convient d'entendre les droits qui sont susceptibles de tomber dans le patrimoine d'une personne. En clair, ce sont des droits qui peuvent être appréciés en argent et sont conséquemment susceptibles de cession, de saisie ou de transmission[62].

---

[59] La chose est définie comme « objet matériel considéré sous le rapport du droit ou comme objet de droits ; espèce de bien parfois nommé plus spécialement chose corporelle (mobilière ou immobilière). Voy. Cornu, G., *Vocabulaire juridique*, 7e éd., Paris, PUF, 1987, p. 152.

[60] Voirin, P. et Goubeaux, G., *op. cit.*, p. 33.

[61] Article 1, 1°, de la loi n°73-021 du 20 juillet 1973 portant régime général des biens, régime foncier et immobilier et régime des sûretés telle que modifiée par la loi n°80-008 du 18 juillet 1980.

[62] Kangulumba Mbambi, V., *Précis de droit civil des biens. Théorie générale des biens et théorie spéciale des droits réels fonciers et immobiliers*, tome 1, Bruxelles, Bruylant, n°46, p. 50.

Dans ce sens, la jurisprudence belge a retenu que les droits dérivants d'un brevet sont des droits mobiliers qui, au décès du titulaire, sont recueillis par ses héritiers et par sa femme[63].

En droit de société, le brevet peut être considéré comme une valeur – ou un actif – à intégrer dans l'évaluation patrimoniale[64]. En principe, l'entreprise est assimilée à un ensemble d'actifs et sa valeur est identifiée à celle de cette collection d'objets[65] dont le brevet peut faire partie si, dans l'acte constitutif, il avait figuré comme apport.

Généralement, cet actif mobilier peut assurer des résultats économiques positifs et encourageants, surtout lorsque les dirigeants sociaux intègrent la branche recherche et développement dans l'organigramme de leurs activités commerciales.

Le patrimoine immatériel qu'est le brevet et tous les droits y associés méritent aussi une attention.

---

[63] Liège, 21 mars 1908, Jur. Liège, 1908, 132, P.P., 1908, 913, in Jamar, L., *Répertoire décennal de la jurisprudence belge*, Bruxelles, Bruylant, 1900-1910, p. 315.

[64] Raimbourg, P. et Boizard, M., *op. cit.*, p. 5.

[65] *Ibid.*

CHAPITRE II
LE BREVET D'INVENTION CONSIDÉRÉ COMME ÉLÉMENT DU PATRIMOINE IMMATÉRIEL D'UNE SOCIÉTÉ COMMERCIALE

Plusieurs questions juridiques se rapportant, par exemple, à l'épuisement des droits de propriété intellectuelle, aux droits générés par les GAFA, aux impôts des activités de propriété intellectuelle, etc., sont régulièrement portées devant les cours et tribunaux, lesquels tirent bien souvent des solutions de droit, dans l'ensemble des règles et principes portés par le droit de propriété industrielle.

D'aucuns qualifient, avec raison d'ailleurs, le droit congolais de propriété industrielle d'un droit dépassé et, à cet égard, il est fort risqué que le juge congolais saisi des questions soulevées par le litige du numérique, de GAFA ou tout autre point de droit technologique, y réponde efficacement, au regard de la loi n°82-001 du 7 janvier 1982[66].

Nous sommes d'avis que le cadre légal de la propriété industrielle en RDC reste orphelin de tous les débats nourris par la doctrine et la jurisprudence française ou belge.

En tant que titre de propriété industrielle, droit patrimonial ou valeur en entreprise, le brevet renferme des informations en rapport avec une invention susceptible d'exploitation en industrie.

[66] Nous analyserons, dans une prochaine étude, ces questions juridiques complexes et assez nourries.

I. NOTION DE PATRIMOINE IMMATÉRIEL

Le « patrimoine immatériel » est aujourd'hui couramment utilisé pour désigner l'ensemble des éléments incorporels dont la possession est susceptible d'apporter à une entreprise un avantage économique sur son marché[67].
La société qui possède ce patrimoine immatériel a de l'avance sur ses concurrents, si bien que le nombre de brevets déposés reste un indicateur qui permet de mesurer les performances d'une entreprise, d'un laboratoire de recherche ou d'un pays en matière d'innovation[68].

II. COMPOSANTES DU PATRIMOINE IMMATÉRIEL

Dans ce patrimoine, on trouve les actifs immatériels de l'entreprise, c'est-à-dire tout un portefeuille constitué d'informations sur ses brevets, licences ou concessions, marques de fabrique ou d'enseigne commerciale, certificats d'indication géographique ou certificats de modèle d'utilité.

Ces informations sont consignées dans les registres des organismes nationaux ou internationaux de protection de propriété industrielle et tout intéressé peut y recourir pour s'approprier les informations dont il a besoin.

Lorsqu'un brevet tombe dans le domaine public[69], tout opérateur informé et désireux d'exploiter les produits visés

---

[67] Warusfel, B., « Entreprises innovantes et propriété intellectuelle : les limites de la protection juridique du patrimoine immatériel », in *Propriété industrielle et innovation. La « nouvelle économie » fausse-t-elle l'enjeu ?*, Paris, L'Harmattan, 2000, p. 49.

[68] Raimbourg, P. et Boizard, M., *op. cit.*, p. 142.

[69] On parle aussi de chute dans le domaine de l'État. En effet, lorsque la durée de protection a expiré, la création protégée tombe dans le domaine public (*qui appartient à l'État*), ce qui signifie que des copies sont possibles. Dans ce sens, voy. Marino (L.), *Cours de droit de propriété intellectuelle*, Cours de Master 1 sur support électronique, France, Université de Strasbourg, année 2017-2018, p. 21.

peut s'en saisir, faire une innovation et initier à son tour le processus de dépôt.

Par ailleurs, un innovateur peut choisir de consulter les sites internet et moteurs de recherche payants, ou contacter un inventeur pour acquérir les données brevetées. Dans ce cas, l'accès aux informations pour innover est payant.

Au même titre que les informations techniques brevetées, on peut obtenir d'autres informations en recourant à l'ensemble du droit de propriété industrielle, qui comprend les modèles d'utilité, les dessins ou modèles industriels, les marques de service, le nom commercial et les indications de provenance ou appellations d'origine, ainsi que la répression de la concurrence déloyale[70].

Les informations recherchées par l'innovateur sont susceptibles de transformation ou modification.

---

[70] Article 1er, 2, de la Convention de Paris du 20 mars 1883, in Code Larcier RDC, tome I, *Droit civil et judiciaire*, Bruxelles, De Boeck & Larcier, 2003, p. 235.

CHAPITRE III
DES CONSIDÉRATIONS SUR LE BREVET D'INVENTION ET LA RECHERCHE D'INFORMATIONS

L'histoire de l'humanité est jalonnée de repères importants dans sa marche vers le progrès de la science et du développement. La découverte du feu, du moulin à vent, de la machine à vapeur, de l'électricité, du moteur à combustion, du téléphone, de la pénicilline, de la radio, etc., sont des découvertes technologiques qui ont marqué le sacre de l'inventivité. Mais avant le foisonnement des découvertes, il faut noter que la révolution néolithique avait permis à l'homme de maîtriser en vue de son alimentation certaines forces biologiques[71]. Les révolutions industrielles vont lui donner le contrôle de certaines forces physiques : la vapeur, l'explosion des carburants, l'électricité, les réactions chimiques, la fission de l'atome enfin. Le fait de disposer de ces forces quasi infinies comparativement à celles du muscle, du vent ou de l'eau courante, seules utilisées auparavant, va provoquer des progrès en chaîne dans tous les domaines de la production, de la consommation, de la vie sociale, intellectuelle, morale. L'homme en sera profondément transformé[72].

---

[71] Guyard, J., *Les révolutions industrielles*, Paris, Flammarion, 1972, pp. 12-20.
[72] *Ibid.*, p. 12.

La terminologie (I) et les définitions (II) qui suivent sont simplement et purement indicatives, au regard de la matière analysée dans cette étude.

I. TERMINOLOGIE

A. L'information en matière de brevets

Il s'agit de toute formule technique et toute information y relative, publiée dans un document de brevet ou dans une publication scientifique (article, journal, thèse, etc.)[73].

Autrement dit, l'information en matière de brevets est une clé indispensable ou une ressource incontournable pour promouvoir l'innovation (cf. citations de brevets antérieurs dans une demande de brevet)[74]. Cette précision enferme la terminologie dans une tour d'ivoire vis-à-vis d'autres informations générales. On comprend aisément que toute demande de recherche d'informations imprécise ne peut guère donner une suite valable à l'innovateur, qui, naturellement, veut obtenir les éléments de réponse tant souhaités.

Le brevet étant protégé par des structures de gestion autonomes, le chercheur est donc appelé à circonscrire ou préciser sa demande, en vue de recueillir des réponses exactes. Sous ces éclairages, il convient de noter par exemple que dans les classifications nationales, régionales ou internationales, les données de recherche sont bien numérotées, agencées et sériées.

---

[73] Ituku Elangi Botoy, *Promotion de l'innovation : utilité de l'information en matière de brevets pour les secteurs publics et privés*, Travaux de renforcement des capacités tenus à Kinshasa, le 18 avril 2011.

[74] *Ibid.*

Une application assez pratique est donnée dans le cas que souligne Blandine LAPERCHE[75], dans le domaine du génome humain, où l'entreprise Craig Venter (Celera Genomics) a annoncé en janvier 2000 qu'elle avait décrypté 97 % des gènes humains. Ces informations brevetées peuvent être acquises gratuitement ou contre paiement, selon que les brevets qui les portent sont en force ou tombés dans le domaine public.

Pour obtenir les informations techniques d'un brevet tombé dans le domaine public, il n'y a aucune condition. L'accès étant gratuit, l'innovateur doit cependant savoir où les trouver. En ce qui concerne les informations brevetées contre paiement, l'industriel ou l'innovateur peut consulter les références indiquées dans la présente étude.

Il s'ensuit qu'une expérimentation postérieure, dans le sens de l'enrichissement des données protégées, nécessite une requête précise relativement au sujet de recherche. Ces données, il convient de le noter, sont capables d'assurer une innovation dont le développement reste l'objectif final. Le plaidoyer en faveur d'une utilisation à grande échelle des données technologiques tombées dans le domaine public se doit d'être permanent, surtout pour les pays en voie de développement.

Généralement, le prix de la technologie reste hors de portée des budgets des États du tiers-monde, qui subissent les effets induits par le développement sans apporter leur concours via les innovations de leurs inventeurs ; d'où l'importance et la pertinence de l'étude ici abordée. En effet, si nous prenons l'exemple des ressources naturelles – dont les pays africains détiennent des réserves énormes –, les firmes pharmaceutiques et les universités des pays industriels ont obtenu des brevets dans les pays du Sud[76], ce qui ne permet pas de soigner

---

[75] Laperche, B., « Texte et contenu du brevet », in *Propriété industrielle et innovation. La « nouvelle économie » fausse-t-elle l'enjeu ?*, Paris, L'Harmattan, 2000, p. 15.

[76] Pour lutter contre ce « nouveau colonialisme », les pays membres de l'Organisation de l'unité africaine ont élaboré une « loi modèle » réglementant l'accès à leurs ressources naturelles et protégeant les communautés locales. Encore faut-il

65 % des personnes atteintes du virus du Sida dans lesdits pays.

La vérité est que les informations brevetées par ces industriels ne sont pas encore tombées dans le domaine public. Pour y accéder, l'innovateur doit contacter les titulaires des brevets d'invention en payant le prix qui lui sera communiqué. Ainsi, l'industriel ou l'innovateur aura accès à toute information déjà publiée dans un document brevet.

En définitive, l'information en matière de brevets est incontournable pour innover. Elle comprend : les informations techniques provenant de la description et des dessins de l'invention ; les informations juridiques provenant des revendications définissant la portée du brevet et de la situation juridique (validité) du brevet dans certains pays ; les informations d'ordre commercial provenant des données de référence relatives à l'inventeur, à la date de dépôt, au pays d'origine, etc. ; des informations pertinentes pour la politique des pouvoirs publics provenant de l'analyse de l'évolution des dépôts et susceptibles d'être utilisées par les responsables politiques, par exemple dans le cadre de la stratégie industrielle d'un pays[77].

B. L'état antérieur des connaissances techniques

L'état antérieur des connaissances est la connaissance technique que l'inventeur met à la disposition du public, dans le document descriptif. Cet état des connaissances décrit l'invention en détail et permet à toute personne du métier d'entrer en possession de l'invention. Ces connaissances antérieures (état technique) ne doivent pas être connues du public avant la divulgation de l'invention.

---

que leur voix soit entendue dans les réunions internationales. Voy. Seuret, F. *et al.*, *Le Monde diplomatique*, juillet 2000, cité par Laperche, B., *op. cit.*, p. 15.

[77] *Guide sur les brevets comme moyen d'accès à la technologie*, Genève, OMPI, 2010, www.wipo.int/patentscope/fr, consulté le 3 mai 2015.

La doctrine française – qui s'appuie sur le Code de la propriété intellectuelle, article L.612-5 – souligne que le dossier de demande doit comporter une description verbale et éventuellement graphique de l'invention. Le texte doit être suffisamment clair et complet pour qu'une personne de métier puisse exécuter l'invention[78].

Ces connaissances techniques sont protégées suivant une date donnée pour permettre d'apprécier ou non la brevetabilité des données ou informations techniques. En effet, pour savoir si l'invention est nouvelle, il va falloir la comparer à « tout ce qui a été rendu accessible au public avant la date de dépôt de la demande de brevet par une description écrite ou orale, un usage ou tout autre moyen »[79].

En droit français, le critère de détermination de cet état technique est fixé. Il est délivré par l'Institut national de la propriété intellectuelle, à la requête de toute personne intéressée ou sur réquisition de toute autorité administrative, un avis documentaire citant les éléments de l'état de la technique pouvant être pris en considération pour apprécier, au sens des articles L.611-11 et 611-14, la brevetabilité de l'invention [80].

En droit congolais, l'état de la technique comprend, tout ce qui avant la date de dépôt ou de priorité de la demande de brevet est accessible au public soit par une description écrite ou orale, soit par un usage ou tout autre moyen[81]. Abordée seulement sous ce prisme, on comprend que la question de l'état de la technique, en droit congolais, n'est pas mieux rendue ou explicitée. On peut relever que l'état de la technique permet de donner l'information sur la technique pour laquelle un industriel (ou un innovateur) veut faire la demande d'un

[78] Stérin, V. et Druez, M.-C., *op. cit.*, p. 85.

[79] Marcus Mandel, I., Bootherstone, T. et Masson, P., *op. cit.*, p. 87.

[80] Article L. 612-23 du *Code de la propriété intellectuelle*, 16e éd., Paris, Dalloz, 2016, p. 614.

[81] Article 7 de la loi n°82-001 du 7 janvier 1982 régissant la propriété industrielle.

brevet. Sur la question, la jurisprudence congolaise n'a pas donné d'applications ni d'éclairages.

C. Recherche d'antériorité en matière de brevet

La recherche d'antériorité est le processus de recherche proactive de brevets et d'informations existants afin de déterminer l'état de la technique existante pour une innovation concernée. Cette recherche vérifie, par exemple, s'il existe des brevets existants ou identiques, ou si une technique antérieure existante pourrait compromettre la brevetabilité d'une invention. Il s'agit d'une étape importante pour toute entreprise ou inventeur pour savoir si une invention est brevetable[82].

Dans tous les cas, le droit français exige la nouveauté[83], si bien qu'appartiennent à l'état de la technique toutes les informations accessibles au public, quels que soient la forme de la divulgation, son auteur, sa date, son lieu ou ses moyens de preuve.

La jurisprudence française est très explicite car elle évoque les données documentaires. Il avait été jugé que : « L'avis documentaire n'est qu'un acte de simple information du déposant à des tiers et ne préjuge pas de la validité du brevet »[84]. Il avait aussi été jugé que : « L'avis documentaire n'est pas une décision du directeur de l'INPI mais seulement un élément d'information à faciliter l'opinion de toute personne intéressée sur la validité et la portée de brevet, il ne peut être attaqué par la voie du recours prévu à l'article L. 411-4 »[85].

---

[82] Voy. le site www.novagraaf.com, consulté le 2 juillet 2016.

[83] Schmidt-Szalewski, J., *Droit de la propriété industrielle*, 5e éd. Paris, Dalloz, 2001, p. 12.

[84] TGI Paris, 25 avril 1985 : PIBD 1985, III, p. 575, in *Code de la propriété intellectuelle*, *op. cit.*, p. 614.

[85] Com. 27 mai 1997 : PIBD 1997, III, 545, in *Code de la propriété intellectuelle*, 16e éd., *op. cit.*, p. 614.

II. DÉFINITION DE QUELQUES TERMES

A. L'innovation

De façon imagée, l'innovation consiste à transformer des idées en argent[86]. Elle couvre donc l'espace entre un problème et une solution dans une société donnée, et est par conséquent cruciale pour le développement technologique, économique, social et culturel. Elle se base sur une solution technique antérieure qu'elle développe ou transforme[87].

La portée de l'innovation dans les pays en voie de développement est très significative. Dans le domaine technique, surtout, elle est un levier sur lequel la société peut s'appuyer en vue de changer le cours de la vie quotidienne de ses concitoyens, par la création des milliers d'emplois.

L'innovation doit être susceptible d'application industrielle[88] et, entendue comme une transformation d'une solution technique, elle doit répondre aux conditions de brevetabilité d'une invention[89]. Pour rappel, une invention est susceptible d'être exploitée comme objet d'industrie ou de commerce si son objet peut être produit ou utilisé dans tout genre d'industrie.

Il en résulte que l'innovation se distingue de l'invention. En effet, le terme « invention » désigne une solution technique à un problème technique. Elle peut être une idée novatrice ou revêtir la forme d'une ébauche fonctionnelle ou d'un prototype. Le terme « innovation » désigne la transformation de l'invention en un produit ou un procédé

---

[86] Gorry, P., *Comment favoriser les innovations locales ?* Atelier de l'OMPI sur les techniques de recherche d'informations en matière de brevets tenu à Kinshasa, le 18 avril 2011.

[87] Ituku Elangi Botoy, *op .cit.*, *in* les travaux de renforcement de capacité tenus à Kinshasa, le 18 avril 2011.

[88] Marcus Mandel, I., Bootherstone, T. et Masson, P., *op. cit.*, p. 93.

[89] Voy. l'article 6 de la loi n°82-001 du 7 janvier 1982 régissant la propriété industrielle.

commercialisable[90]. Le terme « industrie » doit quant à lui être compris dans son sens large qui couvre notamment : l'artisanat, l'agriculture, la pêche, les services[91].

En droit français, l'innovation s'imprègne du même caractère que l'invention. L'innovateur doit s'y référer, notamment en ce qui est de sa brevetabilité. En effet, le Code de la propriété intellectuelle indique qu'une « invention est considérée comme susceptible d'application industrielle si son objet peut être fabriqué ou utilisé dans tout genre d'industrie, y compris l'agriculture »[92].

L'application industrielle est remplie dès lors que l'objet de l'invention peut être fabriqué, sans que l'atteinte de résultat soit exigée[93] ; mais sont aussi brevetables les inventions susceptibles d'application industrielle, et non pas de résultat industriel ; la condition est remplie indépendamment de la qualité de l'objet et du résultat industriel[94].

L'industriel qui innove recourt à un brevet tombé dans le domaine public. Ainsi, l'innovation qui en résulte est soumise aux mêmes conditions retracées ci-dessus, et qui étaient attachées au brevet ayant servi de base de recherches.

Ici, le point de départ demeure le recours aux données de recherche antérieures, contenues dans les brevets enregistrés sous la classification internationale, régionale ou nationale et dont les conditions de brevetabilité avaient déjà été examinées par un office d'octroi de brevet. On peut retrouver ces informations gratuites dans les moteurs de recherche déjà cités[95].

---

[90] Voy. la revue *Inventer le futur*, Genève, OMPI, 2006, p. 4, www.wipo.int/sme/, consulté le 19 août 2018.

[91] Article 10 de la loi n°82-001 du 7 janvier 1982 régissant la propriété industrielle.

[92] Article L. 611-15 du *Code de la propriété intellectuelle*, 13e éd., Paris, Dalloz, 2013.

[93] Paris, 17 octobre 2007 : PIDB 2007, III 339 ; voy. *Code de la propriété intellectuelle*, 16e éd., *op. cit.*, p. 416.

[94] TGI Paris, 8 avril 1994 : PIBD 1994, III 339 ; voy. *Code de la propriété intellectuelle*, 16e éd., *op. cit.*, p. 416.

[95] Voy. *infra*, pp. 19-20.

Il sied de noter que l'innovation nécessite aujourd'hui l'imbrication de multiples savoir et savoir-faire[96].

L'exemple fort riche des inventions de Nolsoe et Helgi (référence du numéro de publication : WO/2009/066154 ; numéro de la demande internationale : PCT/IB2008/003134 ; date de publication : 28 mai 2009 ; date de dépôt international : 19 novembre 2008)[97] peut servir de référence aux lecteurs.

Cette invention reste un creuset de savoir pour ceux qui voudront bien innover dans ce domaine porteur d'emplois, car il s'agit des procédés de conservation de la viande et du poisson qui, rappelons-le, sont très mal conservés, faute d'électricité, dans les pays en voie de développement, dont la République Démocratique du Congo fait partie.

Dans le document de brevet de ces deux inventeurs, l'invention porte sur un appareil pour saler, faire mariner ou ajouter des additifs à la viande, au poisson ou analogues.

À partir de ces informations, une société privée congolaise peut innover en mettant en place, et ce en quantité industrielle, ledit appareil. Les informations brevetées sont contenues dans les moteurs de recherche.

Cependant, le financement de l'innovation pose problème. Il est plus coûteux à l'image du coût de demande d'un brevet.

Généralement, les informations contenues dans les brevets tombés dans le domaine public ne sont que des indicateurs permettant aux innovateurs d'avoir des bribes d'informations, si bien que les informations *précises* peuvent être livrées sous licence par l'inventeur lui-même via le mandataire désigné, et ce moyennant un coût.

Pour une petite entreprise, autant l'innovation lui paraît coûteuse, autant l'obtention d'informations précises demeure aussi un problème. Ces problèmes complexes, qui restent au

[96] Laperche, B., *op. cit.*, p. 17.

[97] Voy. le site internet de l'OMPI, www.wipo.int.

cœur de l'exploitation de la vie d'une société commerciale, sont explicités par Louis Vogel[98], qui précise que les dépenses de lancement des produits nouveaux et des nouveaux procédés de fabrication sont souvent plus importantes que les besoins afférents à la phase de recherche, alors que le risque commercial est difficile à évaluer et que le risque technologique n'a pas complètement disparu[99].

B. Le brevet

Zino Weinstein[100] définit le brevet comme un titre qui est délivré par le Gouvernement et qui octroie, en faveur de son titulaire, un droit exclusif d'exploitation d'une invention.

Le brevet peut aussi être défini comme un droit exclusif conféré par l'État sur une invention qui est nouvelle, implique une activité inventive et est susceptible d'application industrielle[101], ou encore un titre délivré par les pouvoirs publics conférant un monopole temporaire d'exploitation (en principe vingt ans) sur une invention qui la révèle, en donne une description suffisante et complète, et revendique ce monopole[102].

En échange du droit exclusif conféré par un brevet, le déposant a l'obligation de divulguer l'invention au public en fournissant une description écrite détaillée, exacte et complète de l'invention dans la demande de brevet. Le brevet conféré et, dans de nombreux pays, la demande de brevet, sont rendus publics sous forme de publication dans un journal officiel[103].

---

[98] Vogel, L., *op. cit.*, p. 490.

[99] *Ibid.*

[100] Weinstein, Z., *Le régime fiscal de la propriété industrielle*, Paris, Delmas, 1972, p. 7.

[101] Verbauwhede Koglin, L. *et al.*, *op. cit.*

[102] *Lexique des termes juridiques*, 19e éd., Paris, Dalloz, 2012, p. 119.

[103] Verbauwhede Koglin, L. *et al.*, *op. cit.* Voy. également l'article 60 de la loi n°82-001 du 7 janvier 1982 régissant la propriété industrielle au sujet de la publication de la publicité d'un brevet d'invention.

Le législateur congolais, qui organise la matière sur les brevets, ne l'a pas défini. Il s'est contenté tout simplement de donner le type de brevets[104]. De façon simple, on peut être d'avis que le brevet protège l'invention tout en accordant à son auteur des droits patrimoniaux pendant un temps déterminé par la loi. De ce document, les chercheurs et autres entreprises privées peuvent trouver un savoir technique ou un important savoir-faire dans le but de perfectionner leurs inventions, qui touchent essentiellement aux domaines très variés, visant l'amélioration des conditions de vie des citoyens.

Il faut noter que 83% des brevets en vigueur dans le monde en 1998 sont déposés en Europe, aux États-Unis et au Japon, prioritairement par ces trois mêmes zones. Selon le Trilateral Report on Intellectual Property Rights (2000) et selon la Banque mondiale en 1998, les États-Unis, l'Europe et le Japon reçoivent près de 65 % des royalties et redevances sur les brevets versés dans le monde[105].

En République Démocratique du Congo, le siège de la matière, en ce qui concerne ce titre de propriété temporaire, reste la loi n°82-001 du 7 janvier 1982 régissant la propriété industrielle. Comme source de droit, on peut aussi évoquer les dispositions de la Convention de Paris du 20 mars 1883 et autres sources de droit international en matière de droit de propriété industrielle[106]. Mais cette loi, il faut vite le reconnaître, est peu connue du grand public. On conviendra aussi qu'elle n'a pas été suffisamment vulgarisée. Enfin, le juge congolais ne l'a pas vraiment appliquée, au sujet précisément des litiges liés au brevet ou aux informations y contenues.

---

[104] Voy. les articles 4 & 5 de la loi n°82-001 du 7 janvier 1982 régissant la propriété industrielle.

[105] Voy. Laperche, B., *op. cit*, sous note p. 16.

[106] Conformément à l'article 215 de la Constitution de la RDC, les dispositions internationales doivent être appliquées pour compléter les lacunes et le silence de la loi régissant la propriété industrielle. L'article sus-évoqué précise que « les traités et accords internationaux régulièrement conclus ont, dès leur publication, une autorité supérieure à celle des lois, sous réserve pour chaque traité ou accord, de son application par l'autre partie ».

Les raisons de rareté des décisions de justice sont liées, pensons-nous, à l'absence d'inventeurs et de sociétés commerciales qui recourent à ce titre de propriété, et pour lequel on devait intéresser le juge en vue des questions relatives à l'exploitation illicite des données brevetées, en République Démocratique du Congo.

Une raison reste focalisée ou liée à l'absence d'inventions qui soient litigieuses pour opposer les inventeurs devant le juge congolais. Cet état de choses tue, à notre sens l'esprit d'inventivité qui est en fait l'âme du développement d'un pays.

Une autre raison, non la moindre, est le désintéressement du secteur de la propriété industrielle, par les pouvoirs publics[107]. Cet écueil demeure la raison capitale de la méconnaissance de ce titre de propriété temporaire. Il en résulte que le domaine de la propriété intellectuelle reste de moins en moins loti en textes adaptés et reste aussi moins porteur de ressources financières, contrairement aux pays industrialisés dont les économies dépendent de ce secteur capital, par le paiement d'énormes redevances, d'impôts et royalties versés par les inventeurs.

---

[107] Les précédents budgets de la République Démocratique du Congo, et même l'actuel, n'octroient que très peu des ressources pour la recherche scientifique. Ces modiques prévisions budgétaires ne peuvent provoquer le progrès technologique grâce auquel les pouvoirs publics pourront tirer des ressources pour l'accroissement du budget national. Il ne faut pas oublier que la propriété intellectuelle est un secteur clé de recherche scientifique. Notons aussi que les prévisions budgétaires, dans le secteur de la recherche scientifique en 2013 étaient de l'ordre de 1 082 070 665 de Francs congolais ; en 2014, ces prévisions étaient de 128 551 000 de Francs congolais ; en 2015, elles étaient à hauteur de 128 551 000 de Francs congolais (source : le budget national de la RDC ; voir aussi : www.budget.gouv.cd, consulté le 14 juillet 2014). Voilà pourquoi le Centre d'Appui à la Technologie et à l'Innovation est une solution pour le développement de la RDC. Il constitue un creuset de savoirs technologiques pour les innovateurs, qui normalement devraient dépenser énormément pour obtenir les informations technologiques.

Ce tableau sombre ne doit pas nous empêcher d'examiner les questions relatives à la manière de rechercher les informations contenues dans les brevets, notamment par les techniques et stratégies de recherche que nous développons dans les lignes suivantes.

L'idée que se fera tout observateur averti de la loi n°82-001 du 7 janvier 1982 est qu'elle est presque morte dans la mesure où le juge ne l'a pas vraiment appliquée ou mieux que les questions relatives au brevet n'ont pas créé un véritable marché des capitaux sur la question. Aujourd'hui, cette loi appelle une totale refonte, permettant de prendre en compte les avancées technologiques actuelles.

C. L'inventeur

En droit des brevets, l'inventeur est l'auteur d'une découverte – scientifique, technique, commerciale ou autre – ou d'une invention, qui, le plus souvent, détient un brevet d'invention en tant que déposant d'une invention lui permettant d'acquérir un titre de propriété industrielle et une exclusivité temporaire d'exploitation personnelle de l'invention pour une période de dix-sept ans ou de vingt ans généralement à l'abri de toute concurrence[108].

L'inventeur peut aussi être considéré comme la personne qui a conçu l'invention[109]. Dans ce sens, on peut considérer que le droit au titre de propriété industrielle mentionné à l'article L. 611-1 appartient à l'inventeur ou à son ayant cause[110].

L'industriel qui a passé la commande d'une invention est fondé à revendiquer la propriété du brevet déposé par l'ingénieur

---

[108] Picotte, J., *op. cit.*, p. 1517.

[109] Verbauwhede Koglin, L. *et al.*, *op. cit.*

[110] Article L. 611-6, alinéa 1er, du *Code de la propriété intellectuelle*, 16e éd., *op. cit.*

commandité et sa demande s'étend aux brevets étrangers correspondants[111]. Le brevet est affecté au seul inventeur[112].

Nous approuvons la position de la jurisprudence française qui a étendu la paternité du brevet au départ de la commande jusqu'aux effets extérieurs de ce titre de propriété industrielle.

En droit congolais, le dépôt de la demande de brevet ou de certificat d'encouragement s'effectue par l'auteur ou le titulaire lui-même, soit par son mandataire[113], et le droit au brevet lui appartient en propre ou à son ayant cause[114]. Il en résulte que le savoir des inventeurs est objet d'une protection sur le plan national (registre national ou classification nationale de brevets) et sur le plan international (classification internationale de brevets ou régionale), par le processus de demande de brevets. Il n'est un secret pour personne que les demandes de brevet grimpent en force, à l'image de la course à la technologie de pointe.

On note par exemple que le nombre de demandes de brevet déposées auprès de l'Office Européen des Brevets (OEB) a atteint, en 2014, le chiffre record de 274 174, en hausse de 3,1% par rapport à l'année précédente. Parmi ces demandes, plus des trois quarts sont des demandes euro-PCT en phase régionale en 2014 et 22% des demandes déposées selon la voie directe[115].

Cela est d'autant plus vrai que les domaines techniques concernés par le brevet ne cessent de s'étendre, tant dans l'objet que dans l'espace. L'objet brevetable s'est introduit

---

[111] Lyon, 25 juin 1985 : *Ann. Propr. Ind.*, 1986, 173, D. 1986. Somm. 137, obs. Mousseron et Schmidt, voy. *Code de la propriété intellectuelle*, 16e éd., *op. cit.*, p. 563.

[112] Paris, 12 octobre 2012 : D. 2013. Pan. 377, obs. Raynard, in *Code de la propriété intellectuelle*, 16e éd., *op. cit.*, p. 563.

[113]Article 47, alinéa 1er, de la loi n°82-001 du 7 janvier 1982 régissant la propriété industrielle.

[114]Article 17, alinéa 1er, de la loi n°82-001 du 7 janvier 1982 régissant la propriété industrielle.

[115] Lettre d'information de l'IRPI, n°70, mars 2015, www.irpi.fr, consulté le 13 mars 2015.

dans la sphère des œuvres de l'esprit (logiciels), jusque-là protégées par le droit d'auteur[116].

Exemples d'inventeurs

a) Par le brevet n°US2002137433, on peut voir qu'il s'agit d'un innovateur primé pour avoir fait des trous dans le verre et la céramique, laquelle invention avait été brevetée par un inventeur péruvien, Jose Vidal Martina, ce qui lui a permis de commercialiser le produit directement et de percevoir des redevances grâce à la concession sous licence de l'invention[117].

b) Le brevet n°EP1661474B1 est relatif à un système de fixation pour casques, permettant de monter et démonter facilement l'écran de protection. Un fabricant coréen de casques de motocycle, HJC, détient 42 brevets dans le monde pour ses casques novateurs et a connu un énorme succès sur les marchés d'exportation où il vend environ 95% de sa production[118].

c) La demande internationale n°PCT/AU1999/000598 correspond à une gaine dans laquelle l'aiguille de prélèvement se rétracte dès son retrait du donneur. Déposée par la start-up australienne ITL Corporation sous la forme d'une demande de modèle d'utilité en 1994, elle a ensuite été convertie en brevet standard. Le produit, commercialisé sous la marque Donorcare®, a rencontré un grand succès sur les marchés étrangers et a été de nombreuses fois primé[119].

---

[116] Laperche, B., *op. cit.*, p. 14.
[117] Verbauwhede Koglin, L. *et al.*, *op. cit.*
[118] www.wipo.int/sme/, consulté le 19 août 2018.
[119] Verbauwhede Koglin, L. *et al.*, *op. cit.*

D. Application industrielle

L'invention n'est brevetable que si l'on y voit une application industrielle, c'est-à-dire susceptible d'être utilisée dans un but industriel ou commercial.

De nos jours, la plupart des inventions sont le résultat d'efforts considérables et d'investissements à long terme dans la recherche-développement (R&D) mais, en revanche, de nombreuses améliorations techniques simples et peu coûteuses, qui ont une grande valeur sur le marché sont source de revenus et de bénéfices non négligeables pour leurs inventeurs ou les sociétés[120].

L'invention suppose ensuite un caractère concret : c'est ce qui permet de faire la différence entre le produit (qui sera brevetable) et le résultat (qui, lui, ne le sera pas). Pour donner un exemple, un mécanisme de gonflage pneumatique est un produit et sera donc susceptible d'être breveté. Par contre, le gonflage lui-même est un résultat et ne pourra pas être breveté[121]. Cette invention doit être propice à l'application industrielle, c'est-à-dire capable d'être utilisée dans l'industrie ou l'agriculture par exemple.

E. Le principe du premier inventeur ou de l'inventeur original

Ce principe permet de déterminer qui est le premier inventeur, selon la procédure prévue par la loi, et de statuer sur la validité du brevet en litige. Le premier inventeur est celui qui a créé ou réalisé l'invention, qui l'a mise au point, qui l'a perfectionnée[122].

---

[120] Revue de l'OMPI, *Inventer le futur*, n°1, 2006, p. 6, www.wipo.int/sme/, consulté le 12 août 2017.

[121] Marcus Mandel, I., Bootherstone, T. et Masson, P., *op. cit.*, p. 83.

[122] Picotte, J., *op. cit.*, p. 1517.

Dans la plupart des pays, les brevets sont délivrés à la première personne qui dépose une demande de brevet pour une invention[123]. Une exception notable est constituée par les États-Unis d'Amérique où est appliqué le système du premier inventeur, dans le cadre duquel, si des demandes de brevet similaires sont déposées, le brevet sera délivré au premier inventeur à avoir conçu et mis en application l'invention, indépendamment du fait que la demande de brevet a été déposée la première ou non[124].

Afin de prouver la paternité de l'invention dans un système reposant sur le principe du premier inventeur, il est capital de conserver des carnets de laboratoire tenus correctement, dûment signés et datés, en tant que preuves susceptibles d'être utilisées en cas de litige avec une autre société ou un autre inventeur[125].

F. La brevetabilité

En droit européen des brevets, « les brevets européens sont délivrés pour toute invention dans tous les domaines technologiques, à condition qu'elle soit nouvelle, qu'elle implique une activité inventive et qu'elle soit susceptible d'application industrielle »[126].

Les quatre conditions préalables essentielles à la brevetabilité des inventions y sont définies, et sont exclus de la brevetabilité : a) les découvertes, les théories scientifiques et les méthodes mathématiques ; b) les créations esthétiques ; c) les plans, principes et méthodes dans l'exercice d'activités intellectuelles, en matière de jeu ou dans le domaine des

---

[123] Revue de l'OMPI, *Inventer le futur*, n°1, 2006, p. 6, www.wipo.int/sme/, consulté le 12 août 2017.

[124] *Ibid.*

[125] *Ibid.*

[126] Article 52 (1) de la Convention sur le Brevet Européen (CBE).

activités économiques, ainsi que les programmes d'ordinateur ; d) les présentations d'information[127].

Dans la plupart des législations nationales ou régionales en matière de brevets, un objet brevetable est défini par la négative, c'est-à-dire en fournissant une liste de ce qui ne peut pas être breveté[128].

Mais en pratique, la brevetabilité d'une invention est soumise à l'examen quant au fond de la requête. Elle vise à veiller à ce que la demande remplisse les conditions d'octroi d'un brevet[129].

En droit congolais, la brevetabilité ressort en des termes clairs comme suit : « Est brevetable, toute invention nouvelle qui, résultant d'une activité inventive, et susceptible d'être exploitée comme objet d'industrie ou de commerce[130]. »

Aussi, on considère que ne sont pas brevetables : « 1° les principes et conceptions théoriques ou purement scientifiques ; 2° les créations à caractère exclusivement ornemental ; 3° les méthodes financières ou comptables, les règles de jeux et tous les autres systèmes de caractère abstrait et notamment les programmes ou séries d'instructions pour le déroulement des opérations d'une machine calculatrice ; 4° les inventions dont la publication ou l'exploitation serait contraire à l'ordre public, à la sûreté de l'État ou aux bonnes mœurs ; 5° la découverte d'un corps existant déjà dans la nature »[131].

La combinaison de ces deux dispositions donne d'abondants éclairages sur la notion de brevetabilité d'une invention. Ainsi,

---

[127] Service de recherche juridique des chambres de recours de l'OEB, *La jurisprudence des chambres de recours de l'Office Européen des Brevets*, 6e éd., juillet 2010, p. 1.

[128] Verbauwhede Koglin, L. *et al.*, *op. cit.*

[129] Revue de l'OMPI, *Inventer le futur*, n°1, 2006, Genève, p. 6, www.wipo.int/sme/, consulté le 12 août 2017.

[130] Article 6 de la loi n°82-001 du 7 janvier 1982 régissant la propriété industrielle.

[131] Article 12 de la loi n°82-001 du 7 janvier 1982 régissant la propriété industrielle.

sous ce prisme, on peut bien saisir la portée de la question de brevetabilité d'une invention.

L'article 51 (1) de la CBE révisée en 2000 a aligné cette disposition à l'article 27 (1) de l'Accord sur les aspects des droits de propriété intellectuelle qui touchent au commerce (ADPIC) et inscrit le terme « technologique » dans la disposition fondamentale du droit européen des brevets[132].

La brevetabilité n'est concevable que pour des inventions techniques. Dès lors, l'invention doit donc avoir un caractère technique. Cette exigence a été rappelée par la chambre de recours technique de l'Office européen des brevets (OEB) qui indique que « l'exigence d'un caractère technique est une condition implicite de la convention sur les brevets européens, à laquelle l'invention doit satisfaire pour être une invention » susceptible d'être brevetée (chambre de recours techniques, 8 septembre 2000)[133].
Ainsi, la doctrine retient que la définition de l'invention technique est l'œuvre de la jurisprudence en ce qu'elle la définit comme « des produits ou des procédés qui apportent une solution technique à un problème technique donné »[134].

G. La nullité de brevet

En droit congolais, le brevet peut faire l'objet d'une action en nullité[135]. Elle est exclusivement prononcée par le tribunal compétent, et ce, à la demande de toute personne intéressée.

---

[132] Service de recherche juridique des chambres de recours de l'OEB, *La jurisprudence des chambres de recours de l'Office Européen des Brevets*, 6e éd., juillet 2010, p. 1.

[133] Marcus Mandel, I., Bootherstone, T. et Masson, P., *op. cit.*, p. 83.

[134] *Ibid.*

[135] Articles 96 et 97 de la loi n°82-001 du 7 janvier 1982 régissant la propriété industrielle.

Le ministère public peut, à titre de partie principale ou intervenante, agir d'office en nullité d'un brevet ou d'un certificat d'encouragement[136].

En droit français, le brevet peut être annulé lorsque son objet n'est pas brevetable[137]. La jurisprudence retient qu'il est aussi annulable lorsqu'il n'expose pas l'invention de façon suffisamment claire et complète pour qu'un homme de métier puisse l'expérimenter[138].

H. De la compétence en matière de brevet d'invention

En matière de droit de propriété industrielle, le législateur congolais a confié la compétence au tribunal de grande instance en ces termes : « Par dérogation aux dispositions de l'ordonnance-loi 68-248 du 10 juillet 1968, telle que modifiée à ce jour, portant Code de l'organisation et compétence judiciaire, les matières se rapportant à la propriété industrielle sont de la compétence des tribunaux de grande instance[139].

La compétence du tribunal de grande instance est valable pour des non-commerçants.

Il nous revient aussi d'évoquer que si le législateur n'avait pas dévolu la compétence au tribunal de grande instance, le critère de détermination de compétence au regard du tribunal de grande instance devait échoir de la considération de biens, attachée au brevet d'invention.

Ainsi, les dispositions de l'article 1er de la loi n°73-021 du 20 juillet 1973 portant régime général des biens, régime foncier et immobilier et régime des sûretés, de concert avec

---

[136] Article 96, alinéa 3, de la loi n°82-001 du 7 janvier 1982 régissant la propriété industrielle.

[137] Vogel, L., *op. cit.*, p. 498.

[138] Cass., Com., 2 juin 1965, *Bull. civ.*, 3, n°354, *Ann. prop. ind.*, 1967, p. 141 ; 15 mai 1968, *J.C.P.*, 1969, 2, 16135, note Sayn, in Vogel, L., *op. cit.*, p. 498.

[139] Voy. l'article 166 de la loi n°82-001 du 7 janvier 1982 régissant la propriété industrielle.

celles de l'article 4 du même texte s'appliqueraient. En effet, en matière mobilière, l'action est portée devant le juge du lieu dans lequel l'obligation est née ou dans lequel elle doit être, ou a été exécutée[140].

À cet égard, il est admis que le juge de résidence du défendeur est seul compétent sauf disposition spéciale[141]. S'il y a plusieurs défendeurs, c'est le tribunal d'un d'entre eux qui reste compétent.

Mais lorsque le litige, se rapportant au brevet litigieux et susceptible de nullité, oppose des commerçants, l'article 166 de la loi congolaise régissant la propriété industrielle ne nous semble pas être pertinent. C'est le tribunal de commerce qui sera compétent en définitive.

Cette solution, nous l'empruntons des théories et idées de M. Bertrand WARUSFEL qui soutient que « contrairement à ce que le grand public croit souvent, il n'existe jamais (sauf exceptions très particulières) de "vide juridique". En effet, toute situation mettant en présence des personnes ou des biens se voit appliquer soit des normes spécifiques (lorsqu'elles existent), soit les règles du droit commun, éventuellement interprétées par la doctrine et par les tribunaux au cas particulier concerné »[142].

Lorsque la procédure de nullité de brevet oppose deux industriels ou deux sociétés commerciales, les règles d'application, en ce qui est de la compétence des cours et tribunaux, restent celles fixées par la loi n°002-2001 du 3 juillet 2001 portant création, organisation et fonctionnement des tribunaux de commerce.

En effet, le tribunal de commerce connaît, en matière de droit privé :

---

[140] Article 132 de la loi organique n°13/011-B du 11 avril 2013 portant organisation, fonctionnement et compétences des juridictions de l'ordre judiciaire.

[141] *Ibid.*

[142] Warusfel, B., « Intelligence économique et pratiques juridiques », *Revue de l'intelligence économique*, n°5, octobre 1999, p. 6.

1) des contestations relatives aux engagements et transactions entre commerçants ;
2) des contestations entre associés, pour raisons de société de commerce ;
3) des contestations entre toutes personnes relatives aux actes de commerce, en ce compris les actes relatifs aux sociétés commerciales, aux fonds de commerce, à la concurrence commerciale et aux opérations de bourse ;
4) des actes mixtes si le défendeur est commerçant ;
5) des litiges complexes comprenant plusieurs défendeurs dont l'un est soit caution, soit signataire d'un chèque bancaire, d'une lettre de change ou d'un billet à ordre ;
6) des litiges relatifs aux faillites et concordats judiciaires.

Il connaît, en matière de droit pénal, des infractions à la législation économique et commerciale, quel que soit le taux de la peine ou la hauteur de l'amende[143].

Telles sont les règles de compétence applicables en matière de litige ayant trait au brevet et dans tous les autres droits de propriété industrielle.

La nullité peut être partielle ou totale et, lorsqu'elle intervient, elle rétroagit sur le droit du breveté.

L'article L. 615-17 du CPI attribue « l'ensemble du contentieux né du présent titre » à certains tribunaux de grande instance et aux cours d'appel auxquels ils sont rattachés, à l'exception des recours formés contre les décrets, arrêts et autres décisions de nature administrative[144].

En droit congolais, le Conseil d'État connaît le recours en annulation pour violation de la loi, de l'édit ou du règlement,

---

[143] Article 17 de la loi n°002-2001 du 3 juillet 2001 portant création, organisation et fonctionnement des tribunaux de commerce (*J.O.*, RDC, n°14, 15 juillet 2001, p. 4).

[144] Vogel, L., *op. cit.*, p. 499.

formés contre les actes, règlements ou décisions des autorités administratives centrales ou contre ceux des organismes publics placés sous leur tutelle ainsi que ceux des organismes nationaux des ordres professionnels[145].

I. Patent Cooperation Treaty

Le PCT est un traité international offrant un système de dépôt de demandes de brevet qui permet d'obtenir des brevets dans un grand nombre de pays du monde entier grâce au dépôt d'une demande unique[146].

Ce traité facilite la procédure d'obtention de la protection par brevet dans plusieurs pays, rendue plus efficace et économique pour :

1) les utilisateurs du système des brevets (déposants et inventeurs) ; et
2) les offices nationaux[147].

Ce traité, qui a été signé à Washington le 19 juin 1970, par 35 États, permet de déposer une unique demande internationale auprès d'un seul service et d'obtenir l'effet de dépôts nationaux réguliers dans plusieurs États. Il autorise une recherche unique, et même un examen unique de la brevetabilité[148].

On peut relever que le Traité organise le dépôt d'une demande internationale ainsi que l'exécution d'une recherche documentaire internationale dans le cadre du chapitre I[149].

---

[145] Article 85 de la loi organique n°16/027 du 15 octobre 2016 portant organisation, compétence et fonctionnement des juridictions de l'ordre administratif.

[146] Voy. Cours d'enseignement à distance sur le PCT Introduction au Traité de coopération en matière de brevets, www.wipo.int, consulté le 20 août 2018.

[147] *Ibid.*

[148] Vogel, L., *op. cit.*, p. 512.

[149] Phelip, B., *Brevets d'invention. France-Étranger-Brevet européen*, 3e éd., Paris, Delmas, 1989, p. 327.

Il établit une procédure se déroulant en trois phases distinctes :

1) le dépôt de la demande internationale qui s'effectue devant un office dit « récepteur », le plus souvent l'office national du déposant ;
2) la recherche internationale, qui est réalisée par un organisme de recherche spécialisé ;
3) dans la troisième phase, le Bureau international intervient, notamment pour publier la demande internationale, et la communiquer aux offices nationaux désignés[150].

Notre souhait est que la République Démocratique du Congo adhère à ce Traité parce qu'il accorde plusieurs avantages dont le dépôt unique qui se répercutera sur les autres offices des pays membres du Traité.

J. L'accord ADPIC

L'accord ADPIC, sur les aspects internationaux des droits de propriété intellectuelle qui touchent au commerce (brevets, marques, dessins et modèles), a été signé à Marrakech le 15 avril 1994. Il vise à garantir une protection minimale dans chaque État membre de l'OMC et à assurer le respect effectif de ces normes[151]. À cette fin, les États membres sont tenus d'inclure dans leur législation nationale des procédures spécifiques[152].

L'adhésion de la RDC à l'accord ADPIC devait être effective depuis le 1er juillet 2013, conformément à la décision du 29 novembre 2005 de l'OMC, qui avait prolongé la période de

[150] *Ibid.*
[151] Vogel, L., *op. cit.*, p. 513.
[152] *Ibid.*

transition des PMA pour qu'ils se conforment à l'accord sur l'ADPIC[153].

Il ressort des informations reçues du ministère de l'Industrie que les aspects internationaux des droits de propriété intellectuelle qui touchent au commerce (ADPIC) sont insérés dans le nouveau projet de loi de propriété industrielle, ce qui va répondre aux préoccupations soulevées par l'OMC, au sujet de la loi n° 82-001 du 7 janvier 1982 régissant la propriété industrielle[154].

Dans le même sens et pour se convaincre de la non-application en RDC, les aspects internationaux des droits de propriété intellectuelle qui touchent au commerce (ADPIC), deux hauts fonctionnaires du ministère du Commerce extérieur[155] nous ont recommandé de lire le 2e Examen de Politique Commerciale (EPC) de la RDC à l'OMC du 25-27octobre 2016[156].

En attendant l'adoption par l'Assemblée nationale du projet de loi sur la propriété industrielle, il convient de relever que les aspects de la science et de la technologie ont été pris en compte. En grandes lignes, nous retraçons les innovations prises en compte :

1) En effet, il est apparu nécessaire d'adapter notre loi aux engagements pris par la République démocratique du Congo comme membre de l'Organisation Mondiale du Commerce (OMC)[157].
2) La propriété industrielle est un domaine qui évolue rapidement avec les progrès de la science et de la technologie qui poussent régulièrement les gens à se

---

[153] Nkumu Sele, L.-M. et Elangi Ituku Botoy, *op. cit.*, www.wipo.int, consulté le 22 juillet 2015.

[154] Nous avons reçu ces informations de M. Saturnin Wangwamba, ancien directeur de Propriété industrielle au Secrétariat général du ministère de l'Industrie.

[155] Messieurs Roger Malala Kosiseki et Floribert Kwete, tous deux directeurs au ministère du Commerce extérieur.

[156] Organisation mondiale du commerce (OMC), www.wto.org, consulté le 9 février 2018.

[157] Voy. Exposé des motifs du projet de loi de la RDC sur la propriété industrielle.

lancer dans les inventions et les découvertes pour le bien-être de l'humanité. Et, dans un contexte de la mondialisation et de la globalisation de l'économie, notre pays est ouvert à ce vaste marché inondé par la créativité et l'inventivité[158].

3) Par ailleurs, un meilleur développement de la technologie – comprise comme mise en œuvre de la technologie – suppose la maîtrise, par les nationaux, de « know how », c'est-à-dire de la capacité d'assimiler et exploiter les secrets techniques concourant à la réalisation industrielle ou commerciale des produits et procédés. Cette capacité doit pouvoir, à son tour, être stimulée en vue de promouvoir son développement ; car, sans cette capacité, il serait difficile d'atteindre les objectifs d'un développement national[159].

Le Conseil des ADPIC a de nouveau prorogé cette période de transition jusqu'au 1er juillet 2021[160].

C'est dans ce sens que le projet de loi de la propriété industrielle, tenant compte des dispositions de l'Accord sur les droits de propriété industrielle qui touchent au commerce, a clairement souligné les principes de la nation la plus favorisée, du traitement national et de la réciprocité. En effet, les titres de propriété industrielle doivent profiter indistinctement aux nationaux et aux ressortissants étrangers qui opèrent sur notre territoire national. La protection conférée à un

[158] *Ibid.*

[159] *Ibid.*

[160] Voy. la décision des ADPIC du 29 novembre 2005 intitulée « Prorogation de la période de
transition au titre de l'article 66 :1 pour les pays les moins avancés membres », https://www.wto.org/french/tratop_f/trips_f/art66_1_f.htm, consulté le 19 décembre 2018. Cf. Nsumbu Kabu, O., « La loi congolaise sur le droit d'auteur et les droits voisins : plaidoyers pour l'urgence de sa mise en conformité avec l'Accord sur les aspects des droits de propriété intellectuelle qui touchent au commerce », *Revue congolaise de la propriété intellectuelle*, 2019/1, p. 33.

ressortissant d'un membre signataire s'étend automatiquement à des ressortissants d'autres pays membres. Mais pour les non-signataires, c'est le principe de la réciprocité qui s'applique[161].

Le projet de loi sur la propriété industrielle réaffirme la protection des droits des détenteurs de titres de propriété industrielle en leur accordant l'exclusivité de reproduction, d'emploi et d'exploitation pour récompenser les activités qui aboutissent à des résultats susceptibles d'être exploités comme objet d'industrie ou de commerce. Il s'agit principalement des inventions et des modèles d'utilité rangés dans la rubrique des activités inventives.

L'importance de ces derniers pour des pays moins avancés technologiquement comme le nôtre n'est plus à démontrer. Le certificat d'enre gistrement du modèle d'utilité permet d'accorder la protection aux « petites inventions », c'est-à-dire aux inventions profitables aux petites et moyennes entreprises[162].

Plus clair, le projet de loi détermine les contours suivants qui peuvent constituer des points d'étude. On peut se rendre compte que le projet de loi a retenu ce qui suit :

1) aux ressortissants de la République Démocratique du Congo ainsi qu'aux ressortissants des pays parties à la Convention de Paris sur la protection de la propriété industrielle et aux ressortissants des pays membres de l'Organisation Mondiale du Commerce (OMC) ;
2) aux ressortissants des pays non parties à la Convention de Paris sur la protection de la propriété industrielle et aux ressortissants des pays non membres de l'Organisation Mondiale du Commerce (OMC) qui sont domiciliés ou ont un établissement

---

[161] Décision des ADPIC du 29 novembre 2005 intitulée « Prorogation de la période de transition au titre de l'article 66 :1 pour les pays les moins avancés membres », https://www.wto.org/french/tratop_f/trips_f/art66_1_f.htm, consulté le 19 décembre 2018. Cité par Nsumbu Kabu, O., *op. cit.*, p. 33.

[162] *Ibid.*

industriel ou commercial effectif et sérieux dans l'un des pays parties à la Convention de Paris sur la protection de la propriété industrielle ou membre de l'Organisation Mondiale du Commerce (OMC).

Les ressortissants étrangers bénéficieront des mêmes avantages accordés aux nationaux par la présente loi et les réglementations.

Toutefois, les ressortissants des pays non-parties à la Convention de Paris sur la protection de la propriété industrielle dont le domicile ou l'établissement est situé en dehors de la République Démocratique du Congo ne jouissent du bénéfice de la présente loi qu'à la condition que les Congolais bénéficient de la réciprocité de protection dans ces pays, et ce, sans préjudice de l'application des dispositions de la Convention de Paris pour la protection de la propriété industrielle.
En ce qui concerne la protection de la propriété industrielle, tous avantages, faveurs, privilèges ou immunités accordés par la République Démocratique du Congo aux ressortissants de tout autre pays seront, immédiatement et sans condition, étendus aux ressortissants de tous les autres membres[163].
Nous recommandons formellement que ce projet de loi soit enfin adopté au Parlement.

K. Le droit de priorité

En droit congolais de la propriété industrielle, le droit de priorité n'est pas clairement explicité[164].

En effet, le droit de priorité attaché à un dépôt étranger antérieur est revendiqué par la production d'une déclaration de priorité établie sur le formulaire DP et d'une copie de la

[163] Article 3 du projet de loi de la RDC sur la propriété industrielle.
[164] Voy. les articles 7 et 47 de la loi n°82-001 du 7 janvier 1982 régissant la propriété industrielle.

demande antérieure accompagnée de sa traduction en français[165].

Si cette copie n'est pas annexée à la déclaration de la demande de priorité, elle doit être produite dans un délai de 3 mois, à compter de la date de dépôt. La déclaration de priorité est effectuée en même temps que la demande de brevet au Zaïre – entendez République Démocratique du Congo – et mentionne : a) la date de la demande antérieure ; b) le numéro de la demande antérieure, sous réserve de l'article 31 de la présente ordonnance ; c) le symbole de la classification internationale des brevets ; d) le nom de l'État dans lequel la demande antérieure a été déposée ou, si la demande antérieure est une demande régionale ou internationale, le nom de l'État ou des États pour lesquels elle a été déposée[166].

Au regard de l'absence d'une disposition légale définissant clairement le droit de priorité, le juge congolais a obligation de donner les applications jurisprudentielles pour saisir la portée de cette question[167].

Mais en règle, on peut retenir que la date du dépôt de la première demande de protection d'une invention donnée est dénommée date de priorité et toute demande ultérieure déposée dans d'autres pays dans un délai de 12 mois (c'est-à-dire dans le délai de priorité) bénéficie de la priorité de la demande antérieure et est prioritaire sur les autres demandes déposées pour la même invention par des tiers après la date de priorité[168]. Il est vivement conseillé de déposer les demandes de protection par brevet à l'étranger dans le délai

---

[165] Article 30 de l'ordonnance n°89-173 du 7 août 1989 portant mesures d'application de la loi sur la propriété industrielle congolaise.

[166] *Ibid.*

[167] Voy. *supra*, pp. 220-228, les rares décisions de justice congolaise. On n'a pas trouvé une décision ayant défini ou explicité la notion de droit de priorité en droit congolais de propriété industrielle.

[168] Revue de l'OMPI, *Inventer le futur*, n°1, 2006, Genève, p. 30, www.wipo.int/sme/, consulté le 12 août 2017.

de priorité[169].

Après l'expiration du délai de priorité et jusqu'à la première publication du brevet par l'Office des brevets (en règle générale 18 mois après la date de priorité), on a toujours la possibilité de déposer une demande de protection par brevet de la même invention dans d'autres pays, mais on ne peut plus revendiquer la priorité de la demande antérieure. Une fois que l'invention a été divulguée ou publiée, il peut être impossible d'obtenir une protection par brevet dans un pays étranger, compte tenu de la perte du critère de nouveauté[170].

Dans le même sens, la Convention de Paris du 20 mars 1883 retient que le droit de priorité naît d'une première demande régulièrement effectuée dans l'un des pays membres de l'Union[171].

En droit français, le dépôt d'un brevet constitue une première demande effectuée régulièrement par l'auteur de ce dépôt. Il est l'attributaire de la demande de brevet français et est en droit de revendiquer la propriété de brevets européen et américain, dont les demandes ont été déposées, en fraude de ses droits, par un tiers qui n'était pas cessionnaire de ce droit de priorité[172].

Selon les principes dégagés ci-dessus, on peut considérer le droit de priorité comme la date où une demande de brevet a été effectuée dans un pays donné. Cette date, en rapport avec les autres qui sont effectuées après, reste antérieure et prise comme point de départ de protection d'un brevet. La preuve de cette antériorité, dans un pays étranger, est prouvée par l'octroi d'un brevet.

---

[169] *Ibid.*

[170] *Ibid.*, p. 33.

[171] Article 4 de la Convention de Paris de 1883.

[172] *Code de la propriété intellectuelle*, 13e éd., Paris, Dalloz, 2013, p. 529 ; voy. aussi com. 18 janvier 1994, *Bull. civ.*, IV, n°23. Rejet du pourvoi contre. Paris, 30 janvier 1991 : *Ann. propr. ind.*, 1991, p. 39.

L. Le CATI

Le Centre d'appui à la technologie et à l'innovation (CATI) est une bibliothèque digitale/électronique, un centre de formation et d'appui aux affaires. Il permet aux innovateurs des pays en voie de développement d'avoir accès à des prestations locales de services d'information technologique de qualité et d'autres services connexes[173].

En tant que bibliothèque digitale, un CATI est une collection de :

- 70 000 différentes technologies (dans tous les domaines scientifiques) stockées dans les bases de données internationales, régionales, nationales (gratuites et commerciales) ou bases de données de brevets ;
- plusieurs millions de publications scientifiques correspondantes : journaux, articles, thèses, exposés, presse, etc., stockés dans les bases de données internationales et nationales (gratuites et commerciales) = bases de données de littératures (non-brevet).

Comme centre de formation, le CATI sert à :

- former le personnel et les utilisateurs locaux (Inventeurs, Centres de recherche, Universités, Mandataires en propriété intellectuelle, Opérateurs économiques, etc.) en vue de la recherche de l'information en matière de brevets et de publications scientifiques ;
- expliquer aux utilisateurs comment utiliser ces informations pour créer des emplois ;
- organiser d'autres formations.

Comme centre d'appui aux affaires, le CATI a pour rôle :

---

[173] Voy. www.wipo.int/tisc, consulté le 23 mai 2016.

- assister les utilisateurs dans la recherche d'information technique ou d'une publication ;
- surveiller les technologies et les concurrents ;
- rechercher des partenaires d'affaires ;
- analyser un marché (grandeur, tendances, imports et exports, tendances de prix, domaines, etc.) et évaluer la concurrence ;
- évaluer la viabilité et la brevetabilité des inventions (information sur les dépôts de brevets, les marques, des dessins et modèles industriels, etc.) et aider dans la rédaction des demandes (dépôts) de brevets ;
- fournir l'information générale sur la loi en matière de propriété industrielle.
- conseiller sur l'acquisition des licences de fabrication d'importation ou d'exportation ;
- conseiller sur la rédaction d'un business plan ;
- conseiller sur les mandataires dans le but de rédiger les demandes nationales ou internationales de brevets ;
- conseiller sur l'obtention (levée) des fonds (les fonds du Gouvernement, etc.) et
- conseiller depuis la conception d'une invention jusqu'à sa commercialisation[174].

En tant que bibliothèque digitale, centre d'appui aux affaires et de formation des innovateurs, le CATI aura pour rôle majeur de créer l'éclosion du développement intégré dans tous les secteurs de la vie nationale.

Nous le recommandons vivement car le domaine de propriété intellectuelle est porteur de développement.

Par exemple, le produit intérieur brut (PIB) américain en 2003 était de 11 000 milliards de dollars. En 2007, il est passé à

[174] Ituku Elangi Botoy, *Les centres d'appui à la technologie et à l'innovation*, in Les travaux de renforcement de capacité tenus à Kinshasa, le 18 avril 2011.

13 800 milliards de dollars, soit une augmentation de 2 800 milliards de dollars. Au cours de la même année, la valeur ajoutée du PIB, grâce à la propriété intellectuelle a atteint 889,1 milliards de dollars, soit 6,44 % de l'économie américaine[175].

Dans le domaine de l'emploi, la propriété intellectuelle américaine employait 5 336 600 personnes en 2003, et ces travailleurs représentaient 4,12 % de la population active. En 2007, le nombre de salariés dans ce secteur a connu une augmentation de 221 300 personnes, portant le nombre total à 5 577 900, soit un pourcentage de 4,19. Ces chiffres montrent que l'emploi sur le secteur de la propriété intellectuelle est croissant et son importance est considérable dans l'économie américaine[176].

III. RUÉE VERS LE SAVOIR TECHNOLOGIQUE ET APPORT D'INVENTIONS DANS L'INDUSTRIE AU XIXE SIÈCLE

Les différents changements portés par la révolution néolithique ont débouché dans la révolution industrielle.

Mgr Luc GILLON note qu'au début de l'ère chrétienne l'homme a installé la roue à eau et a développé, au Moyen Âge, le moulin à vent[177]. Mais la révolution industrielle n'est pas un processus naturel, qui vient à son heure. Elle est le résultat d'une série d'initiatives convergentes dans tous les domaines : commerce, agriculture, technique, transports, finances, mais aussi instruction publique, organisation politique, mentalités, rapports sociaux. L'accélération du progrès et l'expérience des

---

[175] Copyright industries in the U.S. economy, cité par Ndi Essissima, *op. cit.*, 2002, p. 2.

[176] *Ibid.*

[177] Gillon, L., « Technologie, énergie et civilisation », *Cahiers économiques et sociaux*, vol. 15, n°2, 1977, p. 238.

pays les plus avancés ne rendent pas la tâche plus facile, au contraire[178].

L'industrie apporte de plus en plus, mais elle coûte aussi de plus en plus, et il faut que quelqu'un paie, en fatigue ou en argent, les investissements indispensables[179].

Il en est résulté que l'homme a essayé de maîtriser la nature, de la mettre à son service pour qu'elle contribue activement à lui rendre la vie plus agréable. Cet asservissement, il le réalise grâce à l'outil qu'il s'est créé et que nous appelons communément « la technologie »[180].

L'apport d'inventions au sein de l'industrie, à partir du XIXe siècle, a accéléré le développement. Le courant continu de Thomas Edison (USA), le courant alternatif de Nikola Tesla (USA), la ruche libre-service de Cedar Anderson (Australie), le moteur V8 Henry Ford (USA), le robot à pancakes de Miguel Valentina (Brésil), le stylo 3D de Peter Wards (USA), le Fireice de Boyan Slat (USA), par exemple, sont des illustrations de la ruée vers le savoir technologique ayant eu un impact positif sur l'industrie.

IV. LE RÔLE DE L'ENTREPRENEUR AU CŒUR DE LA RÉVOLUTION INDUSTRIELLE

Cependant, au cœur de la révolution industrielle se trouve un personnage mythique : l'entrepreneur. Intermédiaire entre le savant qui produit la connaissance et l'ouvrier qui l'applique à l'industrie[181].

---

[178] Guyard, J., *op. cit.*, p. 114.

[179] *Ibid.*

[180] Gillon, L., *op. cit*, p. 238.

[181] Boutillier, S., « L'entrepreneur face à la propriété industrielle : histoire et actualité », *in* Laperche, B. (dir.), *Propriété industrielle et innovation : la « nouvelle économie » fausse-t-elle l'enjeu ?*, Paris, L'Harmattan, 2001, p. 25.

L'idée qui vient vite à l'esprit est qu'entre l'inventeur, qui porte à la connaissance du public une technologie[182] et l'ouvrier qui l'applique, il y a un entrepreneur qui vend ou commercialise pour faire du profit. Il résulte que ce dernier reste au cœur des maillons de l'économie, il faut l'avouer. Face à lui, les grandes entreprises, plutôt structurées et enclines aux grands bénéfices par le fait de leur extension au marché, ont trouvé une réponse adéquate : innover pour rechercher d'énormes gains et conquérir le marché, qui est par nature concurrentiel. Ce jeu fort complexe, qui se concrétise par la production ou l'innovation appelle par nature un autre comportement : protéger ce savoir technologique pour être à l'abri de toute concurrence déloyale et du parasitisme[183].

V. LE RÔLE DES GRANDES ENTREPRISES

Les grandes entreprises, ayant des moyens de trésorerie importants, ont compris le rôle capital du brevet d'invention et, forcément, elles dépensent d'importants capitaux dans l'innovation.

Les demandes de brevets des produits issus de l'innovation s'en trouvent être une simple conséquence.

À l'issue du processus de recherche d'informations de brevet, il n'y a point de doute qu'elles deviennent des monopoles

---

182 La technologie visée dans ce cas doit être brevetable et utile pour l'industrie.

183 Le parasitisme est défini comme le fait de s'appuyer sur les initiatives et les efforts d'un concurrent afin d'entamer sa position commerciale. Voy. Marcus Mandel, I., Bootherstone, T. et Masson, P., *op. cit.*, p. 254. Ces auteurs notent en outre qu'il n'est pas rare en pratique que des concurrents indélicats introduisent suffisamment de différence entre les produits pour échapper aux griefs de contrefaçon et de la concurrence déloyale, tout en conservant suffisamment de ressemblances avec le produit copié pour créer un rattachement indiscret et bénéficier ainsi de la notoriété et des investissements acquis par le concurrent sur le marché. Cette catégorie d'actes déloyaux, communément appelée parasitisme ou concurrence parasitaire, est régulièrement sanctionnée par la jurisprudence.

d'exploitation[184]. Grâce à ces monopoles, le commerçant attire et retient la clientèle[185].

Généralement, l'invention peut consister en un produit ou un objet matériel : par exemple, un téléphone portable, une carte à puce, un ordinateur. Elle peut également prendre la forme d'un procédé, d'un moyen de fabrication permettant d'obtenir un produit ou un effet technique particulier : par exemple, un procédé améliorant l'étanchéité d'un bouchon[186].

Ces informations brevetées, on le sait, intéressent beaucoup les sociétés commerciales innovantes mais aussi les grands laboratoires de recherche et les grandes firmes pharmaceutiques, dont la recherche et le développement constituent leur raison d'existence.

Le processus de protection d'informations techniques qui s'ensuit peut se réaliser sur le plan local (par la voie nationale : brevet national ou local), régional (par la voie régionale : brevet régional) ou international (par la voie internationale : le PCT).

Ainsi, la société qui innove expose divers frais et démarches complexes, en commençant par la recherche d'informations contenues dans des brevets antérieurs.

Les simples idées ne sont pas brevetables[187].

L'ensemble des activités engagées par l'innovateur restent très lucratives dans la phase d'exploitation du brevet à octroyer par l'office de brevet.

Pour les petites industries, rechercher les informations dans les offices de protection de brevets (structures où les brevets antérieurs sont classifiés pour publication) et faire les demandes de brevets pour ces innovations paraissent

---

[184] Vogel, L., *op. cit.*, p. 474.

[185] *Ibid.*

[186] Stérin, V. et Druez, M.-C., *op. cit.*, n°151, p. 67.

[187] *Ibid.*

difficiles au regard du coût de l'ensemble du processus à enclencher.

De telle sorte que les artisans ou petits entrepreneurs qui, généralement, œuvrent sous le label des petites industries, et ne disposant pas des mêmes atouts que les grandes entreprises, font peu de demandes de brevets.

En République Démocratique du Congo, tout innovateur – start-up, entreprise, chercheur, laboratoire de recherche, etc. – peut recourir aux données brevetées antérieurement sur le visa de l'article 59 de la loi sur la propriété industrielle, de l'article 12 de la Convention de Paris et de l'article 29 des ADPIC[188].

Le seul obstacle réside en termes de coût que l'innovateur peut exposer, surtout lorsqu'il est admis que le processus de recherche peut s'étendre sur cinq ans, voire dix ans, à partir du moment où l'innovation est supportée par le crédit-recherche ou par les fonds propres de l'entreprise.

Ici, le brevet apparaît à la fois comme titre de propriété industrielle qui protège l'invention, titre négociable qui est une valeur mobilière pouvant se négocier contre paiement d'un prix, sans oublier que l'inventeur ou le déposant est protégé contre la concurrence déloyale.

Lorsque la révolution industrielle vit le jour, les progrès scientifiques et techniques se sont vite accélérés et ont donné droit à la protection, à grande échelle, des inventions.

Par exemple, on peut retenir qu'en 1859, DRAKE fit jaillir à Titusville en Pennsylvanie le premier jet de pétrole[189].

Il s'en est suivi le machinisme[190], qui est le fait de l'énergie thermique résultant de la combustion du bois, du charbon et

---

[188] Tous les détails sur les différentes considérations n'ayant pas encore conduit à l'application de ce Traité en RDC sont étudiés. Voy. *supra*, pp. 72-75.

[189] Gillon, L., *op. cit.*, p. 240.

[190] *Ibid.*

du pétrole se transformant aisément en une énergie mécanique abondante[191].

Au fil des périodes, la vitesse de la technologie finit vite par pousser les inventeurs, industriels et grands groupes commerciaux à rechercher la protection de leurs richesses intellectuelles de la contrefaçon.

Aujourd'hui par exemple, les idées et les connaissances représentent une part de plus en plus importante du commerce[192].

La valeur des médicaments nouveaux et autres produits de haute technicité tient surtout des efforts d'invention, d'innovation, de recherche, de conception et d'essai nécessaires à leur fabrication[193].

Les films, les enregistrements musicaux, les livres, les logiciels informatiques et les services en ligne sont vendus et achetés pour l'information et la créativité qui y sont incorporées, et non, en général, pour les matières plastiques, les métaux ou le papier utilisé dans leur production[194].

Par la suite, l'avalanche des découvertes scientifiques et technologiques donna à l'énergie cette place tentaculaire qu'elle occupe désormais dans notre monde : le moteur à combustion interne (Otto langen 1876), le moteur Diesel (1892), la turbine à vapeur (Parson 1884), la première centrale thermo-électrique et la distribution urbaine d'électricité (Edison 1882), la première centrale hydro-électrique (Chutes de Niagara 1896).

Au début de notre siècle, EINSTEIN constate que le développement de ses théories de physique mathématique le conduit à écrire une équation d'équivalence entre la masse et

---

[191] *Ibid.*

[192] Ndi Essissima, *op. cit.* [en ligne]. Master en relations internationales option contentieux international, Institut des relations internationales du Cameroun (IRC), 2002, p. 1.

[193] *Ibid.*

[194] *Ibid.*

l'énergie. Toute diminution de l'une de ces quantités entraîne l'apparition d'une quantité équivalente de l'autre suivant la relation : $D^w=Dmc^2$. Cette affirmation n'était autre que la découverte (sur le plan théorique) de l'énergie nucléaire, qui allait se révéler au monde en juillet 1945, hélas sous la forme de la bombe atomique[195].

Mais c'est l'avènement du chemin de fer qui traduisit le mieux la maturité de la Révolution industrielle. Car il nécessita la conjonction d'une série de techniques très élaborées, d'énormes quantités de métal et d'une concentration sans précédent de capitaux. Très vite, comme l'annonça dès 1832 l'ingénieur saint-simonien Michel Chevalier, le chemin de fer prouva « son immense utilité pour améliorer le sort des nations, pour multiplier les rapports des peuples et des cités, pour changer les conditions de l'existence humaine »[196].

Ce foisonnement de technologies a impliqué, au fil du temps, un rapide accroissement du montant des redevances pour les demandes de brevets, une civilisation attrayante et le changement de vie des citoyens.

Par exemple, la première locomotive du monde circulera le 24 février 1804, sur une distance de 15 kilomètres, pour relier une forge à un canal, dans le secteur usinier du pays de Galles, là où l'on connaissait depuis longtemps les rails, la machine à vapeur et les problèmes de coût des transports[197].

Naturellement, il résulta de ce foisonnement de technologies et d'inventions des contentieux liés à la contrefaçon des informations des produits fabriqués, des actions en contestation et en annulation des brevets d'invention, des questions sur les procédures de déchéance des détenteurs des brevets d'invention.

Les problèmes liés à la technologie sont devenus, actuellement, nombreux et très complexes.

---

[195] Gillon, L., *op. cit.*, pp. 240-241.
[196] Guyard, J., *op. cit.*, p. 48.
[197] *Ibid.*

Nombre des pays du tiers-monde, dont la République Démocratique du Congo, indépendante depuis le 30 juin 1960, n'ont pas connu de révolution industrielle ; pas plus qu'ils ne l'ont expérimentée après le processus de décolonisation. Aussi les réalités liées au brevet sont-elles méconnues du grand public, surtout que les demandes de brevets sont infimes et coûtent cher pour les quelques inventeurs.

Or les documents de brevet couvrent des informations dans tous les domaines technologiques[198].

Depuis la Révolution industrielle jusqu'à nos jours, l'accès aux informations technologiques s'est développé grâce à la mise à disposition d'un nombre croissant de documents techniques sous forme numérique et au développement progressif des moyens électroniques de distribution et de récupération des données[199].

De nos jours, dans les pays industrialisés, les législations sur la propriété intellectuelle deviennent complexes et mieux adaptées à la vitesse de la science et de la technologie.

En RDC, le texte relatif à la propriété industrielle existe. Mais son processus, depuis l'époque coloniale jusqu'à ce jour s'est estompé au point de prendre un sérieux retard au regard de l'envol et de la rapidité d'éclosion des nouvelles technologies.

De 1885 à 1981, les droits de propriété intellectuelle (ci-après : DPI) étaient régis au Congo par cinq instruments juridiques : le décret du Roi souverain des Belges du 29 octobre 1886 sur les brevets ; le décret du Roi souverain des Belges du 26 avril 1888 sur les marques de fabrique et de commerce ; le décret royal du 24 avril 1922 sur les dépôts de dessins industriels et modèles industriels ; le décret du 21 juin

---

[198] *Guide sur les brevets comme moyen d'accès à la technologie*, Genève, OMPI, 2010, www.wipo.int/patentscope/fr, consulté le 2 mars 2015.

[199] *Guide sur l'utilisation de l'information en matière de brevets*, Genève, OMPI, 2012, www.wipo.int/patentscope/fr, consulté le 2 mars 2015.

1948 relatif à la protection du droit d'auteur et l'ordonnance n°41/63 du 24 février 1950 sur la concurrence déloyale[200].

La loi n°82-001 du 7 janvier 1982 régissant la propriété industrielle est la conséquence des réformes législatives menées depuis l'indépendance de la RDC.

Il faut reconnaître que de 1982 à ce jour (1982 pour la propriété industrielle, et 1986 pour la propriété littéraire et artistique), le mouvement législatif en RDC par rapport aux deux domaines s'est arrêté[201].

Le législateur congolais est appelé à doter le pays d'une nouvelle loi dans ce secteur important de la vie des affaires.

Ceci est d'autant plus vrai que l'on sait qu'un industriel qui est à l'origine d'une invention peut s'assurer un droit exclusif d'exploitation en la faisant breveter par l'État[202]. Il est dès lors formellement recommandé d'encadrer l'inventivité par un nouveau cadre législatif qui prendra en compte tous les aspects actuels de la technologie.

Dans les pays industrialisés, les lois sur la propriété intellectuelle subissent la mouvance de la technologie, qui elle-même se développe à un rythme extrêmement rapide.

Logiquement, il est légitime d'en inférer que tous les acteurs du secteur de l'innovation et de la propriété industrielle, enclins naturellement au bénéfice et/ou à la recherche des mesures protectrices contre le parasitisme et la contrefaçon, accorderont le plus grand soin à protéger à grande échelle leurs inventions, lesquelles leur procurent énormément d'avantages, tant comme encouragement que comme reconnaissance de leur créativité et de leur droit exclusif et comme récompense matérielle de leur invention.

---

200 Nkumu Sele, L.-M. et Elangi Ituku Botoy, *op. cit.*, publication de l'OMPI 2010, www.wipo.int, consulté le 2 mars 2015.

201 *Ibid.*

202 Vogel, L., *op. cit.*, p. 475.

Ces analyses brèves démontrent l'importance du brevet ; d'où la nécessité de l'étudier en profondeur, avant d'en indiquer les stratégies et de développer les techniques de recherche d'informations.

VI. LES TYPES DE BREVETS EN DROIT CONGOLAIS

En RDC, il existe trois types de brevets, tels qu'énoncés dans l'article 5 de la loi n°82-001 du 7 janvier 1982[203]. Ce document est malheureusement peu connu du grand public et même au sein de l'intelligentsia.

À notre avis, la raison de cette ignorance est simple : la matière du brevet est complexe et très technique au regard de sa spécificité et de la rareté d'inventeurs dans les différents domaines brevetables.

Le peu d'intérêt des pouvoirs publics congolais à organiser le secteur de la propriété intellectuelle, joint au manque de vulgarisation de la loi régissant la propriété industrielle, constituent une autre raison de cet état de choses.

Point n'est besoin de rappeler que lorsqu'un inventeur[204] protège son invention, les droits et taxes payés peuvent contribuer à l'accroissement des ressources de l'État.

Le brevet est un titre de propriété comme l'est le certificat d'enregistrement pour les propriétaires de fonds bâtis[205]. La

---

[203] L'alinéa 1er de l'article 5 de la loi n°82-001 du 7 janvier 1982 régissant la propriété industrielle indique que les brevets sont de trois sortes : le brevet d'invention, le brevet d'importation et le brevet de perfectionnement.

[204] Selon le dictionnaire encyclopédique Larousse (1994), un inventeur est la personne qui invente, qui découvre. Dans la plupart des États africains, les inventeurs sont rares ou n'existent pas faute de formation adéquate, de secteurs leur permettant d'utiliser leur savoir ou de commercialiser leur invention. Il y a 962 700 chercheurs aux États-Unis, 80 000 au Canada, 4 483 881 en Asie et 71 038 seulement en en Afrique (source : Unesco).

[205] L'alinéa 1er de l'article 219 de la loi n°73-021 du 20 juillet 1973 portant régime général des biens, régime foncier et immobilier et régime des sûretés, dispose que « le droit de

seule différence est que le brevet est accordé pour un délai temporaire[206]– ce qui sous-entend qu'il peut tomber dans le domaine public –, alors que le certificat d'enregistrement est perpétuel[207].

A. Le brevet d'invention

Le brevet d'invention couvre à titre principal une invention qui, à la date de dépôt de la demande y relative, n'a pas encore été brevetée. Sa durée est de 20 ans ; elle tombe à 15 ans lorsqu'il s'agit des médicaments[208]. En général, le brevet, pour protéger l'invention, devra avoir été précédemment déposé. Le bénéficiaire du brevet peut alors jouir de son monopole d'exploitation pour une durée de 20 ans maximum à compter du dépôt de la demande[209].

Tous les droits et obligations attachés au brevet d'invention appartiennent au titulaire, qui peut s'en servir en l'exploitant. Mais il peut aussi céder ce titre de propriété temporaire ou en faire une concession, et par conséquent l'exploiter par des tiers.

Les effets induits liés au brevet ne sont plus à démontrer. Dans le même ordre d'idées, il a été décidé qu'en matière de brevets l'objet spécifique de la propriété industrielle est notamment d'assurer au titulaire, afin de récompenser l'effort créateur de l'inventeur, le droit exclusif d'utiliser une invention en vue de

---

jouissance d'un fonds n'est légalement établi que par un certificat d'enregistrement du titre concédé par l'État ».

[206] Article 36 de la loi n°82-001 du 7 janvier 1982 régissant la propriété industrielle.

[207] Article 219 de la loi n°73-021 du 28 juillet 1973 portant régime général des biens, régime foncier et immobilier et régime des sûretés (*J.O.Z.*, n°3, 1er février 1974, p. 69) telle que modifiée par la loi n°80-008 du 18 juillet 1980. Il faut préciser qu'en droit civil des biens, le certificat d'enregistrement concédé est à perpétuité pour les Congolais. Les étrangers vivant en RDC, obtiennent pour leur concession ordinaire, un certificat d'enregistrement d'une durée de vingt-cinq ans.

[208] Kumbu ki Ngimbi, J.-M., *op. cit.*, p. 11.

[209] Suissa, G., *La pratique de la saisie-contrefaçon*, Paris, Éd. juridiques et techniques, 2013, p. 14.

la fabrication et de la mise en circulation de produits industriels, soit directement, soit par l'octroi de licences à des tiers, ainsi que le droit de s'opposer à toute contrefaçon[210]. Ici, les droits attachés au brevet d'invention sont comparables au droit des biens.
Le titulaire des droits attachés au brevet d'invention jouit du fructus[211], de l'abusus[212] et de l'usus[213] sur son bien jusqu'à l'expiration de la protection juridique qui lui était attachée[214].

B. Le brevet d'importation

Aux termes de l'article 5 alinéa 4, le brevet d'importation couvre une invention pour laquelle, à la date de dépôt ou de priorité de la demande y relative, son titulaire a déjà obtenu un brevet dans un pays étranger. Il expire en même temps que le brevet principal auquel il est rattaché.

C. Le brevet de perfectionnement

Tout en prenant fin en même temps que le brevet principal, le brevet de perfectionnement porte sur une amélioration des informations déjà brevetées. Un perfectionnement apporté à

---

[210] CJCE, 31 octobre 1974, *Centrafarm BV et Adriaan De Peijper c.Sterling Drug Inc.*, cité par Alma-Delettre, S. *et al.* (dir. Vivant, M.), *op. cit.*, p. 34.

[211] Mot latin désignant l'un des trois attributs du droit de propriété sur une chose, le droit d'en percevoir les fruits, au sens large du terme, sans altération de la substance de la chose. Voy. *Lexique des termes juridiques*, 19e éd., Paris, Dalloz, 2012, p. 504.

[212] Il s'agit d'un usage excessif et sanctionné en tant que tel d'une prérogative ou d'une situation en elles-mêmes licites. Voy. *Lexique des termes juridiques*, *op. cit.*, p. 4.

[213] Il est parmi les prérogatives attachées à la propriété, droit de détenir et d'utiliser une chose sans en percevoir les fruits. Voy. *Lexique des termes juridiques*, *op. cit.*, p. 1057.

[214] Lorsqu'il tombe dans le domaine public.

une invention précédemment brevetée peut faire l'objet d'un brevet de perfectionnement demandé par un tiers[215].

Le brevet de perfectionnement est entièrement soumis au droit commun. Le propriétaire d'un brevet de perfectionnement ne peut exploiter son invention sans l'autorisation du titulaire du brevet antérieur ; de son côté, ce dernier ne peut exploiter le perfectionnement breveté sans l'autorisation du titulaire du brevet de perfectionnement[216].

Ces titres de propriété temporaire accordent à leur titulaire des droits et obligations déterminés par le législateur. Il faut retenir que le droit résultant sur une invention est géographiquement limité au pays ou à la région de délivrance du titre de propriété industrielle[217].

Quant aux droits, le législateur prévoit le droit d'interdire aux tiers l'exercice des activités couvertes par le brevet : il s'agit de l'interdiction de fabriquer, d'utiliser ou d'introduire sur le territoire national, pour vendre, le produit protégé. Également, le breveté a le droit de revendiquer la paternité de son invention protégée (en cas de soustraction de son invention) et de poursuivre, devant le juge, quiconque porterait atteinte à ses droits.

Enfin, la loi donne droit à l'auteur du brevet d'être mentionné comme tel dans le brevet. Par ailleurs, le juge congolais n'a pas été beaucoup sollicité concernant le cas des contentieux ayant trait au brevet d'invention. Les raisons peuvent être trouvées dans la rareté d'inventions, et partant des inventeurs.

Comme obligations de l'auteur du brevet, il faut noter d'abord que les brevets, les certificats et les licences doivent être

---

[215] Zhang, S., *op. cit.*, p. 122. Cet auteur emprunte la distinction à Tilton Penrose (E.), *The Economics of the International Patent System*, Baltimore, Johns Hopkins University Press, 1951, pp. 21-35.

[216] Zhang, S., *op. cit.*, p. 122.

[217] *Code de la propriété industrielle*, 13e éd., Paris, Dalloz, 2013, p. 484.

publiés au journal officiel pour être opposables aux tiers[218]. Le titulaire du brevet est assujetti au paiement des taxes annuelles et annuités, s'il veut que son brevet soit maintenu en vigueur.

Tout brevet d'invention – il peut être d'importation ou de perfectionnement – constitue une ressource importante pour les chercheurs et les inventeurs, les chefs d'entreprise et les entreprises commerciales, ainsi que les conseils en brevets[219]. Cette ressource offre plusieurs avantages :

- aider les utilisateurs à éviter de faire plusieurs fois le même travail sur le plan de la recherche et du développement ;
- déterminer la brevetabilité de leurs inventions ; éviter de porter atteinte aux brevets de tiers ; estimer la valeur de leurs brevets ou des brevets d'autres inventeurs ;
- exploiter les technologies figurant dans des demandes de brevet qui n'ont jamais été acceptées, dans des brevets qui ne sont pas valables dans certains pays ou dans des brevets qui ne produisent plus leurs effets ;
- comprendre les activités novatrices et l'orientation future des concurrents commerciaux ;
- améliorer la planification des décisions commerciales telles que la concession de licences, la conclusion de partenariats technologiques et les fusions et acquisitions ;
- définir les principales tendances dans des domaines techniques particuliers présentant un intérêt général, tels que ceux qui ont trait à la santé ou à l'environnement ; et
- fournir une base à la planification des politiques à mener[220].

---

[218] Les articles 54 à 62 de la loi n°82-001 du 7 janvier 1982 régissant la propriété industrielle.

[219] *Guide sur l'utilisation de l'information en matière de brevets*, 2012, *op. cit.*

[220] *Ibid.*

D. Les licences

Au premier abord, il convient de noter que les brevets tout comme les certificats et les licences d'exploitation, en droit congolais, ne sont opposables aux tiers qu'après leur publication au journal officiel[221].

En droit de brevets, l'utilité d'un brevet n'est concevable que s'il est pleinement exploité. Il en résulte que son exploitation s'entend dans son sens le plus large. Elle consiste dans une mise en œuvre de l'invention sur le plan industriel et commercial et comprend la fabrication, l'offre en vente et la vente des articles brevetés[222].

Sans céder son brevet, le titulaire peut consentir à un tiers le droit de l'exploiter ; il concède alors, contre redevance, une licence d'exploitation[223].

Le contrat de licence a, par sa nature, pour objet l'exploitation de l'invention concédée[224].

Pour des raisons liées, peut-être, à la survie de son industrie ou non, le breveté peut être amené à concéder son invention en signant une licence. Le licencié a, en conséquence, l'obligation d'exploiter complètement, sans restriction et pendant la durée du contrat, l'invention concédée, même si cette obligation n'est pas exprimée dans le contrat[225].

La loi régissant la propriété industrielle[226] organise trois sortes de licence à savoir : licence volontaire, non volontaire et d'office.

---

[221] L'alinéa 1er de l'article 60 de la loi n°82-001 du 7 janvier 1982 régissant la propriété industrielle.

[222] Weinstein, Z., *op. cit.*, p. 91.

[223] Vogel, L., *op. cit.*, p. 506.

[224] Paris, Com., 2 décembre 1963, *Hamon c. Godefroy*, cité par Alma-Delettre, S. *et al.* (dir. Vivant, M.), *op. cit.*, pp. 308-309.

[225] *Ibid.*

[226] Voy. l'article 64 de la loi n°82-001 du 7 janvier 1982 régissant la propriété industrielle.

1. La licence volontaire

Par contrat à des tiers, le titulaire d'un brevet peut concéder une ou plusieurs licences sous la condition que l'acte soit écrit et enregistré au département ayant la propriété industrielle dans ses attributions, moyennant paiement d'une redevance. En droit français, l'opération est par écrit, à peine de nullité, et elle est opposable aux tiers par son inscription au registre national des brevets[227].

2. La licence non volontaire

Elle est demandée après cinq ans à compter du dépôt de la demande du brevet ou de trois ans à compter de la délivrance du brevet. On doit prouver que le breveté n'est pas en mesure d'exploiter les informations brevetées, et en cas d'insuffisance d'exploitation.
Elle est demandée par requête au tribunal compétent, tout en justifiant que le requérant n'a pas obtenu la possibilité d'exploiter par contrat.

3. La licence d'office

Lorsque l'exploitation d'un brevet ne permet pas le développement économique, il peut être octroyé une licence d'office. Celle-ci est non volontaire et l'État congolais peut assurer lui-même l'exploitation ou par des tiers mais pour son compte.

En droit français, les droits attachés à une demande de brevet ou à un brevet délivré peuvent être cédés, en totalité ou en partie[228]. L'opération exige un acte écrit à peine de nullité, et l'accomplissement de certaines formalités lorsque la cession est conclue avec une personne physique ou morale ayant son

---

[227] Vogel, L., *op. cit.*, p. 506.
[228] *Code de la propriété industrielle*, 13e éd., Paris, Dalloz, 2013, article L. 613-8.

domicile ou sa résidence à l'étranger. Le brevet est généralement assimilé à un bien mobilier. En cette qualité, il peut être transféré ou cédé, ou encore faire l'objet d'une concession de licence qui équivaut à un bail ou à un droit d'exploitation concédé à un tiers[229]. La cession d'un brevet devient opposable aux tiers par une inscription au registre national des brevets[230].

En RDC, l'opposabilité aux tiers des droits de propriété industrielle (brevets, marques, licences d'exploitation…) se fait par leur publication au journal officiel[231]. Il résulte que les informations obtenues pour innovation ne sont à la disposition du licencié que lorsque la convention est signée, et donc devenue opposable aux tiers par la formulation consacrée par le législateur.

L'appropriation des données du brevet, sous licence, n'emporte pas de droits personnels sur le titre de propriété temporaire concédé par l'État, qui du reste appartient à l'auteur de l'invention.

En résumé, il faut savoir que le titulaire d'un brevet peut :

- soit se dessaisir en pleine propriété de son brevet par une cession[232] ;
- soit autoriser les tiers à exploiter le brevet pour une durée déterminée par une concession de licence[233].

E. La contrefaçon

En France, la contrefaçon est l'atteinte portée à un droit de propriété intellectuelle. Outre le fait que cette atteinte engage la responsabilité civile de son auteur, il s'agit d'un délit pénal

[229] Vogel, L., *op. cit.*, pp. 506-507.
[230] *Ibid.*
[231] Article 60 de la loi n°82-001 du 7 janvier 1982 régissant la propriété industrielle.
[232] Boutry, Ch. *et al. Initiation au droit des affaires. Civil-Commercial-Sociétés*, Paris, Éditions Banque, 1983, p. 272.
[233] *Ibid.*

puni d'une peine pouvant aller jusqu'à 5 ans d'emprisonnement et 500 000 euros d'amende[234].

En droit positif congolais, on considère que les inventions, les modèles industriels, les signes distinctifs, les dénominations commerciales et géographiques déposés au ministère de l'Économie et de l'Industrie sont protégés[235].

Pour exister, l'infraction de contrefaçon requiert cumulativement des actes matériels de contrefaçon et l'intention coupable[236].

1. Impact de la contrefaçon

Lambert Owenga[237] note que l'impact de la contrefaçon a un retentissement négatif à large spectre. Rien que dans le domaine de la construction automobile, il est démontré que les pièces détachées contrefaites représentent 12 milliards de dollars américains de manque à gagner par an dans le monde pour les constructeurs et leurs fournisseurs. On se rend compte des méfaits de la contrefaçon dans le domaine des inventions, et des raisons pour lesquelles le législateur l'érige en infraction[238].

En effet, le contexte de la montée croissante de la composante intellectuelle dans les biens et les services, et le développement de la recherche et de l'innovation font face à une protection au niveau international jugée sinon mal du

---

234 Suissa, G., *op. cit.*, p. 1.

235 Cizungu M. Nyangezi, B., *Les infractions de A à Z*, Kinshasa, Laurent Nyangezi, 2011, p. 186.

236 *Ibid.*

237 Owenga, L., « Action en contrefaçon des inventions en droit congolais », Juricongo, n°6, mars-avril 2000, p. 3.

238 « Consommateurs attention ! La contrefaçon présente un danger mortel », *Réveillez-vous*, n°6, 22 mars 1996, p. 8, cité par Owenga, L., *op. cit.*

moins insuffisamment assurée, en particulier dans les pays en développement[239].

De cette considération, on déduit que la seule contrefaçon est estimée, entre 5 et 7 % du commerce mondial, soit près de 250 millions de dollars de vente qui seraient effectués par ces pratiques évaluées à 150% en valeur entre 1990 et 1995[240].

Ce tableau sombre et inquiétant démontre le caractère très nocif de la contrefaçon pour l'économie mondiale. Les pouvoirs publics devaient normalement prendre des mesures sévères pour décourager cette entreprise criminelle, à moyen terme, et l'éradiquer à long terme.

En pratique, une atteinte portée contre les droits du breveté appelle une action en contrefaçon (au civil et en répressive). L'action en contrefaçon comme droit accordé au titulaire du brevet est organisée en droit congolais, au sein des dispositions des articles 4, 48, 56 et 57 de la loi régissant la propriété industrielle.

2. L'action en contrefaçon

Comme préalable, il faut retenir que les faits antérieurs à la publication du brevet ne constituent pas une contrefaçon et ne peuvent motiver une condamnation même au civil[241]. En général, c'est la formule qui consacre l'expression selon laquelle « la contrefaçon s'apprécie selon les ressemblances et non selon les différences »[242].

Après la publication du brevet au journal officiel de la RDC, le signataire de la licence peut intenter une action en contrefaçon

---

[239] Crean, S., Laurie Ewards, B. et Hebb, M., *La propriété intellectuelle et le commerce international*, Genève, OMPI, www.wipo.int, cité par Ndi Essissima, *op. cit.* [en ligne]. Master en relations internationales option contentieux international, Institut des relations internationales du Cameroun (IRC), 2002, p. 1.

[240] *Ibid.* Genève, OMPI, www.wipo.int, cité par Ndi Essissima, *op. cit.*, 2002, p. 1.

[241] Weinstein, Z., *op. cit.*, p. 7.

[242] Paris, Com., 27 mai 1986, *Soc. civile du vignoble de Château Latour c. Chuzeville*, cité par Alma-Delettre, S. *et al.* (dir. M. Vivant), *op. cit.*, pp. 389-390.

du brevet[243], si le contrefacteur est connu et a posé les actes qualifiés comme tels par la loi. S'agissant de brevets, confrontée à deux inventions portant sur des machines, la contrefaçon est reconnue s'il y a reproduction des « moyens essentiels » quand bien même il existerait des « différences de structure » entre les machines en conflit[244].

De façon plus explicite, encore, en présence de deux inventions portant sur un dispositif de protection de ressorts d'amortisseurs, la cour d'appel de Paris retient la contrefaçon par équivalence[245].

Le délit de contrefaçon est passible d'une peine de servitude pénale de 1 à 6 mois et d'une amende dont le montant est fixé par les mesures d'exécution ou d'une de ces peines seulement.

En cas de récidive, le contrefacteur est puni du double des peines maxima prévues. Et il y a récidive lorsque le prévenu a déjà encouru au cours des six dernières années une condamnation du chef de contrefaçon[246].

Dans ce même sens, Roger MASAMBA note que, pour protéger efficacement les droits du titulaire d'un brevet, le législateur a créé un délit de contrefaçon constitué par toute atteinte portée sciemment aux prérogatives légales du breveté. Ce délit engage à la fois la responsabilité civile et la responsabilité pénale du contrefacteur (article 88)[247].

F. Les fonctions d'un brevet d'invention

Dans le système du fonctionnement de brevet, on peut retenir qu'un brevet a deux fonctions principales :

---

243 Kumbu ki Ngimbi, J-M., *op. cit.*, p. 28.

244 Paris, Com., 27 mai 1986, *Soc. civile du vignoble de Château Latour c. Chuzeville*, cité par Alma-Delettre, S. *et al.* (dir. P. Vivant), *op. cit.*, pp. 389-390.

245 *Ibid.*

246 Kumbu ki Ngimbi, J.-M., *op. cit.*, p. 29.

247 Masamba Makela, R., *Guide pratique du droit des affaires*, Kinshasa, 2009, p. 139 ; voy. aussi not. Léo., 28 avril 1959 (contrefaçon de la marque Dexion).

1) La protection. Un brevet permet à son titulaire d'empêcher toute personne tierce d'exploiter sur le plan commercial l'invention visée par le brevet et décrite dans les revendications dans le pays ou la région où le brevet a été délivré et pour une durée déterminée n'excédant généralement pas vingt ans à compter de la date du dépôt[248].
2) La divulgation. La publication du brevet et, dans de nombreux pays, de demandes de brevet, permet au public d'accéder aux informations sur les nouvelles technologies afin de stimuler l'innovation et de contribuer à la croissance économique[249].

L'importance du brevet tant dans le monde des affaires que dans celui du savoir technologique n'est plus à démontrer. C'est le cas du domaine très lucratif des télécommunications, où l'importance d'un brevet ne peut être ignorée.
La brevetabilité tient au caractère industriel de l'invention. La jurisprudence retient que si une invention réalise un résultat industriel, quelle que soit l'importance, elle est brevetable[250].

G. Les critères liés au brevet d'invention tels que retenus par le droit harmonisé de l'ADPIC

Sur le plan international harmonisé par l'article 27 de l'ADPIC, deux concepts d'invention ont été retenus, ceux de produit et de procédé, susceptibles d'application industrielle[251].

En ce qui concerne le produit, on relève qu'il s'agit d'un objet matériel résultant impérativement, dans le domaine du

---

[248] *Guide de l'OMPI sur l'utilisation de l'information en matière de brevets*, p. 3, www.wipo.int, consulté le 12 octobre 2018.
[249] *Ibid.*
[250] Poitiers, 2 mars 1908, *J.T.*, 1904, p. 75, *in* Jamar, L., *Répertoire décennal de la jurisprudence belge*, Bruxelles, Bruylant, 1900-1910, p. 346.
[251] Delannoy, S., *op. cit.* [en ligne], p. 29.

brevet, d'une opération technique. C'est donc « une chose matérielle ayant une composition mécanique et/ou une structure chimique particulière qui la distinguent des autres corps[252]. À noter que seul le produit est susceptible d'être breveté, non son résultat[253].

Un procédé est « un moyen de fabrication qui permet d'obtenir un produit, un effet technique particulier »[254] ; autrement dit, c'est une façon de faire, une manière d'opérer. Ce procédé, donc ce moyen, se définit alors par l'application qui en est faite ; et l'application n'est rien d'autre que la mise en œuvre du moyen[255].

H. Les critères retenus par la CJUE sur les questions d'un brevet d'invention

Melchior Wathelet[256] présente un cas très instructif, qui reste d'ailleurs éminemment technique pour les juges saisis de la question, mais aussi générateur tant d'énormes ressources financières pour les sociétés intéressées dans le litige que sur des questions relatives au brevet essentiel.

La question à résoudre, et posée au juge allemand, était celle de savoir à quelles conditions une action en contrefaçon introduite par le détenteur d'un brevet essentiel à une norme (ci-après BEN) contre une entreprise qui fabrique des produits exécutant cette norme constitue un abus de position

[252] Roubier, P., *Le droit de la propriété industrielle*, tome 2, Paris, Sirey, 1954, p. 68, cité par Delannoy, S., *op. cit.* [en ligne], p. 29.

[253] Delannoy, S., *op. cit.* [en ligne], p. 29.

[254] www.irpi.fr, consulté le 9 novembre 2018.

[255] Azéma, J. et Galloux, J.-Ch., *Droit de propriété industrielle*, 6e éd., Paris, Dalloz, 2006, p. 143, cité par Delannoy, S., *op. cit.* [en ligne], p. 30.

[256] CJUE, concl. de l'avocat général M. Melchior Wathelet présentées le 20 novembre 2014, aff. C-170/ 13, *Huawei Technologies co. Ltd c. ZTE Corp., ZTE Deutschland GmbH*, *Lettre d'information*, n°68, décembre 2014, IRPI ou voy. www.irpi.fr, consulté le 4 avril 2016.

dominante. Le litige opposait deux groupes de dimension mondiale du secteur des télécommunications.

Les questions croisées soulevées par le cas constituent certes une matière pour le juge, mais aussi les réponses à fournir sont des repères de droit.

En effet, la société Huawei est titulaire d'un brevet européen essentiel à la norme « Long Term Evolution » établie par l'Institut européen des normes de télécommunication (ETSI) utilisée pour les communications mobiles de quatrième génération. Rappelons qu'un brevet est considéré comme essentiel lorsque toute personne a besoin d'y avoir recours pour appliquer la norme envisagée. Huawei a notifié son brevet à l'ETSI et s'est engagée auprès de cet institut à délivrer des licences aux tiers à des conditions FRAND, pour « Fair, Reasonable and Non Discriminatory ».

La société ZTE figure parmi ces tiers, puisqu'elle commercialise en Allemagne des stations de base équipées d'un logiciel LTE. Le cas présenté est non seulement hautement technique, mais il reste, pour tous les acteurs, une énorme source de revenus.

La CJUE a répondu sur plusieurs questions à savoir : la présomption de position dominante, le respect d'exigences spécifiques et les actions possibles[257].

Par l'arrêt du 16 juillet 2015, la Cour de Luxembourg dégage les exigences spécifiques que le titulaire d'un BEN (Brevet Essentiel à une Norme) – qu'il doit donner en licence à des tiers à des conditions FRAND – doit respecter afin de pouvoir introduire une action en contrefaçon de son BEN sans violer les dispositions de l'article 102 TFUE (CJUE, 16 juillet 2015, aff. C-170/ 13, *Huawei Technologies Co.Ltd*). En 2010, des discussions portant sur l'octroi d'une licence FRAND ont émergé entre Huawei et l'un de ses concurrents chinois, ZTE

[257] Arrêt C-170/13, *Huawei Technologies Co. Ltd/ZTE Corp., ZTE Deutschland Gmbh*, 16 juillet 2015, voy. aussi www.curia.europa.eu, consulté le 15 octobre 2018.

Corp. – également titulaire de nombreux brevets essentiels à la norme « Long Term Evolution ». Suite à l'échec des négociations, Huawei a intenté une action en contrefaçon devant un tribunal allemand et réclamé, outre la cessation et le rappel des produits, la fourniture des données comptables ainsi que l'allocation de dommages et intérêts[258].

La juridiction de renvoi a alors sollicité l'éclairage de la CJUE sur les effets de concurrence d'un titulaire d'un BEN, sous la forme d'une série de questions. Les juges allemands se demandaient en particulier dans quelle mesure le titulaire d'un BEN, obligé à octroyer des licences à des conditions FRAND, pouvait introduire une action en contrefaçon sans que cette pratique ne soit considérée comme constitutive d'un abus de position dominante au sens de l'article 102 TFUE[259].

La Cour part en effet du postulat qu'il existe une présomption de position dominante pour apprécier son caractère abusif, à l'instar de la juridiction de renvoi. Elle décide que « sur un marché donné où le degré de concurrence est affaibli, ont pour effet de faire obstacle, par le recours à des moyens différents de ceux qui gouvernent une compétition normale des produits [...] au maintien du degré d'une concurrence existant encore sur le marché ou au développement de cette concurrence » (CJCE, *Hoffmann-La-Roche/ Commission*, 85/76, point 91)[260].

La multitude des questions abordées par la Cour de Luxembourg est très instructive. À cette occasion, la Cour a été amenée à donner des réponses précises aux questions soulevées par le juge allemand sur les considérations juridiques évoquées devant lui par le groupe Huawei.

Notre souhait est de voir, dans un avenir proche, les pouvoirs publics congolais s'intéresser au secteur de la recherche scientifique, qui est porteur d'inventions mais aussi des

---

[258] Lalot, L., *Action en contrefaçon d'un brevet essentiel à une norme et effets de concurrence*, [en ligne], www.village-justice.com, consulté le 15 octobre 2018.

[259] *Ibid.*

[260] *Ibid.*

retombées financières énormes pour le développement de la RDC.

L'existence même de l'engagement de délivrer des licences à des conditions FRAND est de nature à créer des attentes légitimes auprès des tiers et l'introduction d'une action en contrefaçon ou de rappel des produits aura pour effet de se réserver la fabrication d'un produit. Il s'ensuit qu'un refus du titulaire du BEN d'octroyer des licences à des conditions FRAND peut constituer, en principe, un abus de position dominante au sens du TFUE[261].

S'il faut considérer qu'innover équivaut à un accès au développement, il convient de noter qu'un peuple qui n'innove pas refuse son propre développement. En réalité, il perd le pari de modernisation car innover crée les emplois et les nouvelles richesses.

La loi congolaise régissant la propriété industrielle a prévu trois types de brevets : le brevet d'invention, le brevet d'importation et le brevet de perfectionnement.

Sur la question des actions possibles posées par le juge allemand, la CJUE a conclu que « le titulaire d'un BEN qui s'est engagé irrévocablement envers un organisme de normalisation à octroyer des licences à des conditions FRAND à des tiers n'abuse pas de sa position dominante en introduisant une action en contrefaçon en cessation de l'atteinte ou en rappel des produits dès lors qu'il a rempli les conditions susvisées, à savoir :

- préalablement à l'introduction de ladite action, il a, d'une part, averti le contrefacteur allégué de la contrefaçon qui lui est reprochée en désignant ledit brevet et en précisant la façon dont il a été contrefait et, d'autre part, après que le contrefacteur allégué a exprimé sa volonté de conclure un contrat de licence aux conditions FRAND, transmis à ce contrefacteur

[261] *Ibid.*

une offre concrète et écrite de licence à de telles conditions, en précisant, notamment, la redevance et ses modalités de calcul, et

- ledit contrefacteur continuant à exploiter le brevet considéré ne donne pas suite à cette offre avec diligence, conformément aux usages commerciaux reconnus en la matière et de bonne foi »[262].

[262] *Ibid.*

CHAPITRE IV
NATURE JURIDIQUE DES INFORMATIONS OBTENUES POUR UNE INNOVATION

Sur base d'études récentes, on note que la propriété intellectuelle renvoie aussi bien à l'analyse des marques, des secrets commerciaux, des brevets qu'au droit d'auteur[263].

Ainsi, longtemps restée domaine des juristes, elle a fait l'objet d'une attention accrue des économistes à partir de la seconde moitié des années 1980, au fur et à mesure que se répandait la certitude que produire des idées était devenu un avantage compétitif décisif, source de valeur ajoutée et d'emplois[264].

Depuis l'origine du droit de propriété intellectuelle, pour les auteurs, deux arguments[265] justifient le système de brevet : il constitue un titre ayant comme base les droits de propriété naturelle, c'est-à-dire que l'on admet que tout homme est investi d'un droit naturel sur ses propres idées, droit que la société a le devoir moral de reconnaître, d'une part, et juste récompense, d'autre part[266].

Dans cette optique, l'octroi d'un brevet serait justifié par l'obligation qu'a la société d'accorder à l'inventeur une récompense pour les services utiles rendus[267]. Il en résulte que l'invention brevetée est un droit et, en termes plus simples, un

---

[263] Benhamou, F. et Farchy, J., *Droit d'auteur et copyright*, Paris, La Découverte, 2009, p. 1.

[264] *Ibid.*

[265] Zhang, S., *op. cit.*, p. 123.

[266] *Ibid.*

[267] *Ibid.*

bien appartenant au titulaire du brevet pendant tout le temps de sa protection.

Toutefois, quand le brevet tombe dans le domaine public, il est à la portée de tout utilisateur. Dès lors que l'invention relève ou est « tombée » dans le domaine public[268], ou dès lors que l'inventeur effectue lui-même une divulgation avant le dépôt de sa demande de brevet, et ce, quel que soit le moyen de communication, l'invention sera mise à la disposition du public et ne pourra plus être protégeable en tant qu'invention nouvelle[269].

Dans la présente étude, nous avons indiqué que, pour donner droit à protection, l'invention doit être nouvelle et de caractère technique[270]. Ainsi, d'une simple idée, on se rend compte qu'une invention technique brevetée - *aspect juridique* - peut constituer pour une entreprise un grand attirail capable de modifier sa posture juridique et économique dans le sens d'une valeur ajoutée - *aspects comptable et financier* - cotée en bourse.

L'innovation prendra corps lorsque le brevet n'est plus protégeable, c'est-à-dire s'il tombe dans le domaine public ou lorsque l'innovateur acquiert la technique souhaitée à prix d'argent. Dans ce cas, la technologie transformée devient la propriété de l'innovateur sous couvert du brevet octroyé.

I. PROCESSUS DE PROTECTION DES INFORMATIONS OBTENUES APRÈS INNOVATION

L'innovateur qui prend l'initiative de transformer les données ou les informations d'un brevet tombé dans le domaine public (accès gratuit), ou qui obtient lesdites informations en payant le coût (accès payant), peut recourir aux moteurs de recherche

---

[268] Delannoy, S., *op. cit.* [en ligne], p. 30.
[269] *Ibid.*, pp. 30-31.
[270] L'article 6 de la loi n°82-001 du 7 janvier 1982 régissant la propriété industrielle.

gratuits – spécialement pour les inventions pour lesquelles les brevets sont déjà tombés dans le domaine public (sur le plan national, régional ou international) – ou payants – pour les inventions pour lesquelles les brevets sont encore protégés.

En République Démocratique du Congo, l'accès est fait par le registre du ministère de l'Industrie[271]. Tout intéressé peut consulter gratuitement, en vue d'accéder aux informations brevetées dès lors qu'elles sont dans le domaine public. Mais il est astreint au paiement de la taxe administrative. À l'issue du processus de recherche, qui met en place une invention, l'innovateur fera la demande du dépôt d'un brevet. Une fois les données technologiques protégées, on ne peut y accéder gratuitement que lorsque son brevet expire, tombant ainsi dans le domaine public.

L'innovateur est appelé à respecter les conditions édictées par la loi[272] pour assurer la protection de son brevet dont la base de ses recherches fut un brevet tombé dans le domaine public. Pour accéder au savoir technologique du brevet de l'innovateur, on doit payer le prix fixé.

II. TITRE ISSU DE L'INNOVATION

Le titre issu de l'innovation est un brevet d'invention. L'auteur est titulaire de ce brevet et il a des droits comme des obligations.

Le droit conféré par le brevet est déterminé par l'étendue des revendications inscrites sur la demande. Les revendications peuvent être interprétées à la lumière de la description et des dessins[273].

---

[271] Voy. l'article 8 de l'ordonnance n°89-173 du 7 août 1989 portant mesures d'application de la loi sur la propriété industrielle congolaise, *J.O.Z.*, n°16, 15 août 1989.

[272] Loi n°82-001 du 7 janvier 1982 régissant la propriété industrielle ; spécialement les articles 6, 16, 24 à 32.

[273] Stérin, V. et Druez, M.-C., *op. cit.*, n°185, p. 99.

Toutefois, si l'objet du brevet porte sur un procédé, la protection conférée s'étend aux produits obtenus directement par ce procédé[274].
En RDC, l'étendue des droits conférés au breveté consiste à :

1) interdire aux tiers l'exercice des activités couvertes par le brevet, consistant, notamment à fabriquer le produit, objet du brevet concerné ; à utiliser, à introduire sur le territoire national, à vendre, à offrir en vente ou à mettre dans le commerce sous une autre forme le produit protégé ainsi qu'à détenir ledit produit en vue de l'utiliser ou de le mettre dans le commerce ; à employer ou à mettre en œuvre, à vendre ou à offrir en vente, le procédé breveté ; à livrer ou à offrir de livrer à une personne non titulaire d'une licence des moyens en vue de la mise en œuvre d'une invention brevetée ;
2) accomplir les actes mentionnés au 1 ci-dessus, relativement à un produit obtenu directement par un procédé breveté ;
3) poursuivre devant les tribunaux quiconque porterait atteinte à ses droits, soit par la fabrication de produits, ou l'emploi de moyens compris dans le brevet, soit en exposant en vente ou en interdisant sur le territoire zaïrois un ou plusieurs objets contrefaits[275].

En tout état de cause, l'auteur d'une invention ou d'une découverte a le droit d'être mentionné comme tel dans le brevet ou le certificat d'encouragement. Il en est de même de chacun des coauteurs[276].

L'auteur du brevet peut, par licence, aussi autoriser un tiers à exploiter son brevet.

---

[274] *Ibid.*
[275] Article 48 de la loi n°82-001 du 7 janvier 1982 régissant la propriété industrielle.
[276] *Ibid.*

Le titulaire du brevet a des obligations déterminées par la loi[277].

[277] Article 54 et suivants de la loi n°82-001 du 7 janvier 1982 régissant la propriété industrielle.

CHAPITRE V
PROBLÉMATIQUE DE LA RECHERCHE D'INFORMATIONS EN MATIÈRE DE BREVETS

I. RECHERCHE D'INFORMATIONS AU SEIN DE LA LOI N°82-001 DU 7 JANVIER 1982 RÉGISSANT LA PROPRIÉTÉ INDUSTRIELLE

La problématique soulevée mérite une réponse précise, à la lumière d'une disposition légale indiquant clairement la recherche d'informations en matière de brevets ou d'une décision de justice s'y référant en application de la loi régissant la propriété industrielle.

Quelques faisceaux d'indices peuvent être dégagés en examinant les articles 33, 59 et 60, alinéa 3, de la loi du 7 janvier 1982 régissant la propriété industrielle d'une part, et d'autre part, les articles 10, 16, 17, 18, 29 et 41 de l'ordonnance 89-173 du 7 août 1989 portant mesures d'exécution de la loi 82-001 du 7 janvier 1982 régissant la propriété industrielle.

Il nous paraît nécessaire de reproduire tout le libellé de ces dispositions légales pour en tirer les conséquences relatives à la recherche d'informations en matière de brevet.

A. Libellé des dispositions légales

La recherche d'informations en matière de brevet peut conduire à l'innovation. Qui veut innover doit interroger les textes qui organisent cette question, en droit de propriété industrielle, d'où l'intérêt d'évoquer les dispositions légales y relatives.

1. Les dispositions de la loi n°82-001 du 7 janvier 1982 régissant la propriété industrielle

Article 33 – « Après l'accomplissement des formalités prescrites, il sera délivré au titulaire, à son mandataire ou à son ayant cause, l'original du brevet ou du certificat d'encouragement auquel seront annexés, un exemplaire du mémoire descriptif de l'invention ou de la découverte et, le cas échéant, les dessins dûment numérotés se rapportant à cette description. »

Article 59 – « Les brevets, certificats et licences d'exploitation sont enregistrés, respectivement, dans l'ordre de leur délivrance, dans les registres des brevets, des certificats ou des licences d'exploitation.

Le département ayant la propriété industrielle dans ses attributions enregistre également le changement de nom et d'adresse des titulaires ainsi que celui des mandataires. En tout état de cause, tous les actes portant modification des droits et obligations attachés à une demande de brevet ou de certificat, à un brevet ou à un certificat, doivent, pour être opposables aux tiers, être inscrits dans les registres ad hoc. »

Article 60 – « Les brevets, les certificats et les licences d'exploitation ne sont opposables aux tiers qu'après leur publication au Journal officiel. Cette publication se fait dans l'ordre de leur enregistrement.
Le département ayant la propriété industrielle dans ses attributions peut, à titre d'information, tenir une revue spécialisée dans la publication des brevets, certificats et licences d'exploitation. »

2. Les dispositions de l'ordonnance 89-173 du 7 août 1989 portant mesures d'exécution de la loi 82-001 du 7 janvier 1982 régissant la propriété industrielle

Article 10 – « La demande doit être accompagnée :

a) d'un mémoire descriptif de l'invention, établi en trois exemplaires, conformément aux articles 16 et 23 de la présente ordonnance ;

b) des dessins auxquels se réfère le mémoire descriptif, en trois exemplaires [...]. »

Article 16 – « La description d'une invention, telle que prévue par l'article 16 de la loi, est contenue dans un document appelé "Mémoire descriptif". »

Article 17 – « Le mémoire descriptif indique, sur la page de garde :

a) l'espèce du brevet ;

b) le nom et, s'il y a lieu, les prénoms ou surnoms ou la dénomination commerciale de l'inventeur ou du déposant, selon le cas ;

c) le titre de l'invention, tel qu'il figure dans la demande. Ce titre donne de l'invention une désignation claire, concise et non fantaisiste ;

d) le symbole de la classification internationale du brevet. »

Article 18 – « Le corps du mémoire descriptif doit comprendre la description proprement dite de l'invention, en indiquant d'une manière claire et complète :

a) le résultat visé par l'invention ;

b) les caractéristiques de l'état antérieur de la technique connue, s'il y a lieu ;

c) les moyens ou procédés utilisés pour parvenir audit résultat ;

d) un exemple de réalisation de l'invention, à moins que celle-ci ne soit suffisamment décrite d'une autre manière ;

e) dans la mesure où cela n'est pas évident, la description doit expliquer comment l'objet de l'invention peut être utilisé industriellement. La description ne doit pas être en contradiction avec les revendications. »

Article 29 – « L'abrégé sert exclusivement à des fins d'information technique et de publication. Il contient l'information technique permettant d'apprécier, s'il y a lieu ou non, de consulter le mémoire descriptif. Il ne doit pas dépasser vingt lignes. Il ne constitue pas un élément du brevet et ne peut, par conséquent, en être tenu compte pour revendiquer les droits attachés au brevet. »

B. Commentaire

L'économie générale de toutes ces dispositions fait état de ce que les brevets, les licences d'exploitation et les certificats sont enregistrés en ordre d'enregistrement (article 59 de la loi régissant la propriété industrielle).

Aussi, il n'est pas sans importance de rappeler que les informations relatives au brevet sont obligatoirement divulguées en vue d'une utilisation appropriée par l'homme du métier.

Dans le même sens, plusieurs informations détenues par l'administration publique, appelée à procéder à l'enregistrement du brevet d'invention, peuvent intéresser le public qui recherche des renseignements dans le domaine technologique.

Le gros des informations recherchées par l'homme du métier est contenu dans le mémoire descriptif.

Les informations à obtenir sur pied des registres de l'administration publique, par l'innovateur, sont précieuses car relatives à l'ensemble de l'invention.

Elles portent sur le mémoire descriptif de l'invention, le nom du déposant, son adresse physique, le nom du mandataire.

Lorsque le brevet tombe dans le domaine public, l'accès aux informations est gratuit.

Il est vrai qu'en consultant les registres des brevets, certificats et licences d'exploitation, un innovateur peut obtenir des informations dont il a besoin et ayant trait aux questions qu'il se pose.

Mais sa tâche peut s'avérer difficile car, en RDC, les informations sont rarement informatisées.

Si l'innovateur n'est pas satisfait des recherches initiées, il peut consulter les moteurs de recherche gratuits où sont classifiés les brevets devenus la propriété de l'humanité en vue de parfaire et modifier les résultats de ses recherches.

Les instruments juridiques internationaux[278], ratifiés par la RDC, renforcent la problématique soulevée.

Dans le cas de l'accès aux informations payantes, l'innovateur peut consulter des moteurs de recherche payants. On peut citer l'exemple de www.piug.org/vendors.php.

Dans le même ordre d'idées, les informations dont le brevet a fait l'objet d'une licence sont accessibles suivant le mode opératoire retracé ci-dessus.

Lorsque le brevet est sous l'effet de la protection, l'accès à l'information est payant.

Ainsi, le licencié accède aux informations qui étaient, au départ, une appropriation privative du titulaire du brevet.

---

[278] Articles 68, 214 et 215 de la Constitution de la RDC du 18 février 2006 telle que modifiée par la loi n°11/002 du 20 février 2013.

II. RECHERCHE D'INFORMATIONS AU SEIN DE LA CONVENTION DE PARIS DU 20 MARS 1883 POUR LA PROTECTION DE LA PROPRIÉTÉ INDUSTRIELLE

A. La recherche d'informations est-elle prévue dans la Convention de Paris ?

La réponse est affirmative et il nous semble utile de donner d'abord le libellé de la disposition concernée avant d'envisager des commentaires à son propos.

B. Recherche d'informations au sein de l'article 12

« 1. Chacun des pays de l'Union s'engage à établir un service spécial de la propriété industrielle et un dépôt central pour la communication au public des brevets d'invention, des modèles d'utilité, des dessins ou modèles industriels et des marques de fabrique ou de commerce.
2. Ce service publiera une feuille périodique officielle. Il publiera régulièrement :
a) les noms des titulaires des brevets délivrés, avec une brève désignation des inventions brevetées ;
b) les reproductions des marques enregistrées. »

C. Commentaire

Il n'y a pas de doute que, dans le cadre de ce dépôt central et de la publication périodique des données des brevets, tout innovateur trouve ce qu'il désire exploiter pour ses recherches.

Il en résulte que la recherche d'informations est bien posée comme une obligation permettant à toute personne du métier de développer ses recherches qui pourront, certainement, culminer dans une innovation.

Cette innovation obéit au même processus de protection que le brevet antérieur qui avait servi de base de données pour les recherches de l'innovateur.

III. RECHERCHE D'INFORMATIONS AU SEIN DE L'ACCORD SUR LES ASPECTS COMMERCIAUX DES DIFFÉRENTS DROITS DE PROPRIÉTÉ INTELLECTUELLE DU 15 AVRIL 1994 (ADPIC)

Le siège de la matière est l'article 29.
Dans cet article, il est clairement posé le principe d'indications claires s'agissant d'un brevet pouvant être mis à la disposition du public, via un registre national de l'État membre.

A. Recherche d'informations au sein de l'article 29

« 1. Les membres exigeront du déposant d'une demande de brevet qu'il divulgue l'invention d'une manière suffisamment claire et complète pour qu'une personne du métier puisse l'exécuter, et pourront exiger de lui qu'il indique la meilleure manière d'exécuter l'invention connue de l'inventeur à la date du dépôt ou, dans le cas où la priorité est revendiquée, à la date de priorité de la demande.
2. Les membres pourront exiger du déposant d'une demande de brevet qu'il fournisse des renseignements sur les demandes correspondantes qu'il aura déposées et les brevets correspondants qui lui auront été délivrés à l'étranger. »

B. Commentaire

Il résulte clairement de cette disposition que, par la divulgation (dans un registre), le breveté met à la disposition du public son invention en vue de l'accès à l'information nécessaire pour innovation.

L'innovateur qui accède au brevet trouve les renseignements et informations recherchés pour son savoir technologique et ses applications postérieures.

IV. RECHERCHE D'INFORMATIONS AU SEIN DU PCT

La procédure[279] PCT comprend la phase internationale et la phase nationale.

A. Phase internationale

Dans cette phase, le chercheur d'informations doit maîtriser l'outil informatique. En effet, les données relatives aux informations brevetées, sur le plan international, procèdent d'une démarche ardue. L'inventeur intéressé par le rayonnement de son invention sur le plan international doit passer par les étapes suivantes :

1) dépôt d'une demande internationale,
2) rapport de recherche internationale et opinion écrite,
3) publication internationale,
4) recherche internationale supplémentaire facultative,
5) examen préliminaire international facultatif[280].

B. Phase nationale

1) traitement de la demande internationale par les offices nationaux et/ou régionaux de brevets – En règle générale, la première demande de brevet est déposée auprès de l'Office national ou régional des brevets. Elle est généralement dénommée "demande au niveau

[279] Voy. Cours d'enseignement à distance sur le PCT, Introduction au Traité de coopération en matière de brevets, www.wipo.int, consulté le 23 octobre 2018.
[280] *Ibid.*

local" et, lorsqu'elle est complète, elle comprend les éléments suivants :

2) une requête (ou pétition),
3) une description,
4) une ou plusieurs revendications,
5) un abrégé,
6) un ou plusieurs dessins (s'il y a lieu)[281].

La demande internationale est publiée dans la base de données PATENTSCOPE à bref délai après une période de 18 mois à compter de la date de priorité de la demande internationale. Cette publication permet d'effectuer la divulgation technique de l'invention qui contribue à promouvoir le progrès technique et le développement[282]. La recherche des données est assurée par le truchement de PATENTSCOPE où tout innovateur ou chercheur est appelé à y recourir en vue de découvrir les informations techniques souhaitées. Une fois le brevet octroyé, dans le système PCT, tous les pays du Traité constituent l'espace géographique de protection.

---

[281] *Ibid.*
[282] *Ibid.*

CONCLUSION PARTIELLE
DE LA PREMIÈRE PARTIE

On peut affirmer qu'en droit congolais, lorsque le brevet d'invention tombe dans le domaine public, l'accès aux informations brevetées par le biais du registre tenu au ministère ayant l'Industrie dans ses attributions, ou dans les différents moteurs gratuits de recherche, est possible.

En outre, tout intéressé qui innove à partir des données recueillies dans le brevet tombé dans le domaine public en obtient un brevet d'invention et devient titulaire du nouveau brevet comportant les informations transformées.

Il aura sur le nouveau brevet d'invention des droits et obligations attachés au titulaire d'un brevet d'invention[283].

Sur le plan international, l'accès aux informations brevetées ou la recherche desdites informations sont prévus. Tout intéressé peut recourir aux dispositions de l'article 12 de la Convention de Paris combinées à celles de l'article 29 de l'ADPIC.

Tout innovateur, chercheur ou la branche R&D d'une société commerciale peut recourir aux données des brevets tombés dans le domaine public.

Pour ce qui est par exemple de l'OMPI, l'innovateur peut aller dans la fenêtre PATENTSCOPE[284] (de son site), pour entrer en possession des données technologiques des brevets tombés dans le domaine public.

Par ailleurs, le licencié est en droit d'exploiter l'invention et d'accéder à l'information brevetée, dans ce cas, cela suppose un coût.

---

[283] Voy. les articles 47 et suivants de la loi n°82-001 du 7 janvier régissant la propriété industrielle.

[284] Voy. *supra*. pp. 141-142 et suivants, sur tous les détails relatifs aux techniques de recherche d'informations en matière de brevets.

En conclusion, il accède à l'information brevetée et peut devenir également propriétaire des innovations lorsqu'il décide de transformer la technologie portée par le brevet et qui a fait l'objet d'une licence.

In fine, il pourra solliciter l'octroi d'un brevet d'invention qui portera son nom, en qualité d'inventeur.

Cependant, la loi n°82-001 du 7 janvier 1982 régissant la propriété industrielle est devenue dépassée, ne couvrant pas toutes les avancées de la technologie et de la science d'aujourd'hui.

Au-delà de cette évidence, les enquêtes[285] menées en vue de rechercher les décisions de justice en matière d'application de cette loi se sont révélées vaines. Aucune décision en matière de caractère litigieux de brevets n'a été prise par le juge congolais, encore moins sur tous les aspects patrimoniaux et moraux du brevet.

Nous avons recueilli quelques décisions relatives au certificat d'enregistrement et aux modèles et dessins industriels, et ce, sous réserve de toutes enquêtes ou recherches qui seraient menées ou faites et dont nous n'avons pas connaissance.

Monsieur Odon NSUMBU KABU note, non sans intérêt, que « sauf erreur de notre part, la Cour suprême de justice n'a pas eu à statuer sur les matières suivantes : droit de l'environnement, droit informatique, droit de la propriété intellectuelle, droit de l'espace, droit maritime, droit fiscal, etc. À sa décharge, l'on doit relever que l'opportunité ne s'était pas présentée à elle de statuer sur ces matières »[286].

---

[285] Il s'agit des enquêtes qui ont été menées par nous-même. À la Cour d'appel de Kinshasa/Gombe et au Tribunal de commerce de Kinshasa/Gombe, les agents de l'État commis aux services des archives des greffes de ces deux juridictions ne cessaient d'ailleurs de s'étonner des questions qui leur avaient été posées au sujet des décisions relatives aux brevets. Les décisions qui seront commentées sont celles de l'époque coloniale. Nous les avons trouvées au service de documentation de la Cour suprême de justice.

[286] Nsumbu Kabu, O., *Cour suprême de justice : héritage d'un demi-siècle de jurisprudence*, Kinshasa, Les Analyses juridiques, 2015, p. 10.

Il s'ensuit que les informations brevetées en RDC sont rares et que les entrepreneurs désireux d'œuvrer dans le domaine de la recherche technologique se heurtent au manque de financement de leur projet et à la rareté des brevets d'invention enregistrés en RDC.

Cette difficulté trouve un adoucissement par la recherche d'informations sur le plan international, qui est à même d'offrir à tout innovateur la possibilité de devenir titulaire d'un brevet.

Le challenge pour accéder à l'information en matière de brevets existe donc et il suffit de l'exploiter.

Ceci est d'autant plus vrai que, par exemple en 2004, les informations brevetées étaient situées pour l'Amérique à 30,5%, pour l'Europe à 30,6%, pour le reste du monde à 13,4%, pour l'Asie-pacifique à 8,6% et pour l'Afrique à 1,8%[287].

Au vu d'une telle statistique, le challenge reste très grand pour les innovateurs africains malgré le faible niveau de protection des brevets dans le continent.

---

[287] Source : International Telecommunication Union, cité par Atani, M., « Research 4life », in *Les travaux de renforcement des capacités de Kinshasa*, août 2011.

SECONDE PARTIE

LES SYSTÈMES JURIDIQUES DE PROTECTION DES BREVETS

CHAPITRE VI
L'ACCÈS À L'INFORMATION D'UN BREVET D'INVENTION TOMBÉ DANS LE DOMAINE PUBLIC

L'information d'un brevet tombé dans le domaine public est libre des contraintes que la loi impose au brevet d'invention en force, à savoir : son exploitation sans autorisation est qualifiée de contrefaçon. Cependant, les conditions de brevetabilité d'une invention et celles de l'innovation diffèrent.

Dans le premier cas, le service d'octroi de brevet qui reçoit la demande de dépôt procède aux recherches de priorité[288], statue sur la demande de recevabilité[289], décerne le brevet d'invention sans en examiner préalablement le fond, aux risques et périls du demandeur et sans garantie quant à la réalité[290].
Le droit de priorité attaché à une demande de brevet n'est pas, à proprement parler, une étape de procédure de la demande de brevet, mais il est, en pratique, extrêmement important pour les demandes de brevets suivantes qui veulent protéger la même invention en France ou dans d'autres pays[291].

---

[288] Articles 5, alinéa 2, 16, 7°, et 32, alinéa 5, de la loi n°82-001 du 7 janvier 1982 régissant la propriété industrielle.

[289] Article 30 de la loi n°82-001 du 7 janvier 1982 régissant la propriété industrielle.

[290] Article 31, alinéa 1er, de la loi n°82-001 du 7 janvier 1982 régissant la propriété industrielle.

[291] www.ipside.com/fr

I. DOMAINE PUBLIC

Le domaine public est défini comme le régime de libre et gratuite exploitation qui devient applicable aux œuvres littéraires et artistiques, inventions brevetées, dessins et modèles, et marques, à l'expiration du délai pendant lequel leur auteur jouissait du droit exclusif de les exploiter[292].

A. Des contours de la notion de domaine public

On sous-entend que l'appropriation du bien intellectuel par le créateur ou son ayant droit n'est pas une récompense accordée par la société, c'est l'exercice d'une prérogative essentielle, le droit de propriété sur les meubles[293]. En effet, celui qui s'approprie le bien intellectuel tombé dans le domaine public ne peut être sous le coup d'une sanction.

Ainsi, sur la base d'un brevet d'invention tombé dans le domaine public et au terme du processus de recherche pour innovation, l'innovateur peut solliciter la protection des données techniques transformées ou modifiées pour obtenir un titre de propriété industrielle.

L'exemple du viagra tombé le 21 juin 2013 à minuit dans le domaine public en France illustre bien ce qu'est la notion sous examen[294]. Tout innovateur intéressé peut entrer en possession du savoir technologique gratuitement et faire des transformations susceptibles de protection[295].

---

[292] Binctin, N., *Droit de la propriété intellectuelle. Droit d'auteur, brevet, droits voisins, marque, dessin et modèles*, 3e éd., Paris, LGDJ, 2014, p. 527.

[293] Binctin, N., *op. cit.*, p. 527.

[294] Marino, L., *op. cit.*, cours de Master 1, France, Université de Strasbourg, 2017-2018, p. 22.

[295] Par un brevet d'invention.

B. Du périmètre du domaine public

Le périmètre du domaine public est ce qui est inclus et ce qui en est exclu[296]. Il en résulte que le périmètre du domaine public est en premier défini par la loi[297].

La règle de perpétuité du droit de propriété en droit des biens – surtout lorsqu'un propriétaire est détenteur d'un titre de propriété conformément à l'article 219 de la loi n°73-021 du 20 juillet 1973 portant régime général des biens, régime foncier et immobilier et régime des sûretés telle que modifiée par la loi n°80-008 du 18 juillet 1980 – n'est pas de mise en droit de propriété intellectuelle.

En matière de brevet, le domaine public sonne le glas de la protection.

En droit français, le régime du domaine public est identique pour l'ensemble des biens intellectuels[298].

Mais il faut admettre qu'une nuance soit prise en compte, en ce qui est du droit congolais de propriété industrielle. En effet, les marques et dessins industriels sont soumis au régime de renouvellement des droits après le temps de protection (dix ans en ce qui concerne les marques[299] et cinq ans en ce qui concerne les dessins et modèles industriels[300]).

Il en résulte que si le titulaire des droits de la marque ne renouvelle pas, ses droits sont éteints[301].

---

[296] Binctin, N., *op. cit.*, p. 531.

[297] *Ibid.*

[298] *Ibid.*, p. 532.

[299] Article 137 de la loi n°82-001 du 7 janvier 1982 régissant la propriété industrielle.

[300] Article 119, alinéa 1er de la loi n°82-001 du 7 janvier 1982 régissant la propriété industrielle.

[301] Article 150 de la loi n°82-001 du 7 janvier 1982 régissant la propriété industrielle.

II. LES EFFETS DU DOMAINE PUBLIC SUR LE DROIT DE PROPRIÉTÉ INTELLECTUELLE

Le droit de brevets considère le principe d'une libre réutilisation des biens du domaine public pour la création de nouveaux biens intellectuels[302].

Il ne s'agit pas d'une fiction juridique, mais plutôt d'une considération purement naturelle prenant en compte l'acception selon laquelle les biens qui avaient été soumis hier sous le bénéfice d'une protection juridique s'en trouvent privés après un délai.

Dans la mesure où se trouvent exclues du champ de brevetabilité les théories scientifiques, les méthodes et autres concepts qui ne prennent pas en compte les réalisations techniques[303], les biens ou connaissances tombés dans le domaine public constituent des points de départ de plusieurs recherches.

III. DOMAINE PUBLIC EN DROIT CONGOLAIS

A. Le non brevetable

En droit congolais, ne sont pas considérés comme brevetables :

1) les principes et conceptions théoriques ou purement scientifiques ;
2) les créations de caractère exclusivement ornemental ;
3) les méthodes financières ou comptables, les règles de jeux et tous les autres systèmes de caractère abstrait et notamment les programmes ou séries d'instructions pour le déroulement des opérations d'une machine calculatrice ;

---

[302] Binctin, N., *op. cit.*, p. 533.

[303] Delannoy, S., *op. cit.* [en ligne], p. 29.

4) les inventions dont la publication ou l'exploitation serait contraire à l'ordre public, à la sûreté de l'État ou aux bonnes mœurs ; et
5) la découverte d'un corps existant déjà dans la nature[304].

Dans le cadre de l'accès aux informations techniques brevetées, les innovateurs – chercheurs, étudiants, entreprises ou start-up – peuvent accéder gratuitement aux données et renseignements qui sont dans des brevets tombés dans le domaine public.
En République Démocratique du Congo, un registre approprié (aux brevets, marques, modèles industriels, mandataires en propriété industrielle, indications géographiques, etc.) est tenu par les services du ministère ayant l'Industrie dans ses attributions[305]. Tout intéressé peut le consulter pour obtenir les informations[306] dont il a besoin. Le législateur congolais a prévu le paiement d'une taxe administrative avant de consulter ces registres *ad hoc* contenant les informations[307]. Sous l'éclairage de ces considérations, l'accès gratuit des informations brevetées est donc possible lorsque le brevet tombe dans le domaine public.

---

[304] Article 12 de la loi n°82-001 du 7 janvier 1989 régissant la propriété industrielle.

[305] Voy. l'article 59, alinéa 3, de la loi n°82-001 du 7 janvier 1989 régissant la propriété industrielle et l'article 8 de l'ordonnance n°89-173 du 7 août 1989 portant mesures d'exécution de la loi n°82-001 du 7 janvier 1989 régissant la propriété industrielle.

[306] Nous reviendrons sur le type d'informations qui peuvent être obtenues au Secrétariat général à l'industrie, tout en précisant qu'elles sont purement administratives. Voy. *infra*, pp. 111-112.

[307] Article 8 de l'ordonnance n°89-173 du 7 août 1989 portant mesures d'exécution de la loi n°82-001 du 7 janvier 1989 régissant la propriété industrielle.

B. Définition du domaine public en droit congolais de propriété industrielle

Le droit congolais de propriété industrielle n'a pas défini ce qu'il faut entendre par domaine public, mais nous pouvons tirer les règles d'application dans la loi n°86-033 du 5 avril 1986 portant protection des droits d'auteurs et des droits voisins.

En effet, à l'expiration de la période de protection du droit d'exploitation, les œuvres artistiques, littéraires et scientifiques tombent dans le domaine public[308].

Il est vrai que, pour ce qui est des droits d'auteurs en RDC, le droit d'exploitation des œuvres tombées dans le domaine public est administré par l'organisme national chargé de la gestion et de la protection des droits d'auteurs[309].

En revanche, pour ce qui est des brevets d'invention, l'exploitation est libre et recours n'est fait à aucune institution pour une quelconque autorisation.

Cependant, tout intéressé peut entrer en contact avec le titulaire du brevet si le document descriptif du brevet ne peut permettre une exploitation aisée du brevet tombé dans le domaine public.

Dans le cas présent, le seul critère qui permettra à un innovateur de se saisir d'une technologie est l'écoulement du temps.

En effet, les données brevetées qui ne pouvaient être exploitées sans autorisation de l'inventeur deviennent accessibles au public.

---

[308] Article 80 de la loi n°86-033 du 5 avril 1986 portant protection des droits d'auteurs et des droits voisins.

[309] Article 80, alinéa 1er, de la loi n°86-033 du 5 avril 1986 portant protection des droits d'auteurs et des droits voisins.

On dit alors de ces informations techniques qu'elles sont tombées dans le domaine public et sont devenues bien commun, non susceptible d'appropriation privée.
Les informations payantes ont un régime différent de celui des informations tombées dans le domaine public.

CHAPITRE VII
L'ACCÈS AUX INFORMATIONS PAYANTES D'UN BREVET D'INVENTION

Lorsque les informations brevetées restent sous l'effet d'une protection juridique[310], elles sont accessibles dans les moteurs de recherche appropriés, moyennant le prix indiqué, ou elles sont obtenues par l'entremise de l'inventeur lui-même.
Le mode opératoire couramment utilisé est la licence. Ainsi, celui qui innove paie le prix qui lui est imposé par l'inventeur.

I. RECHERCHE ENTREPRENEURIALE : CADRE D'ACCÈS DES INFORMATIONS PAYANTES

Le cadre propice des informations payantes est la recherche entrepreneuriale. Toutefois, un indépendant peut aussi développer son propre réseautage, qui lui permettra d'accéder aux informations payantes. La finalité reste l'innovation à partir des informations acquises contre paiement.

Il faut savoir que le processus d'innovation – technologique – de la naissance d'une idée jusqu'à la conception, la fabrication

---

[310] La protection juridique du brevet s'effectue sur le plan national, régional ou international (systèmes de protection de brevets). Sur le plan international, précisément, elle est prise en charge sous le couvert de l'OMPI ou par la protection du PCT et sur le plan régional, cette protection est assurée par les organisations régionales (voy. *supra*, pp. 145-150). Sur le plan national, après le processus de protection, le brevet sort tous les effets d'un titre de propriété. En RDC, toute contrefaçon constatée sur les produits issus des procédés brevetés est poursuivie sur le terrain de la concurrence déloyale.

et la commercialisation de nouveaux biens et services, mais aussi l'introduction de nouvelles méthodes de production et d'organisation du travail, se réalise par le biais de mécanismes d'apprentissage et d'interaction[311]. Généralement, les inventeurs sont contactés via les mandataires désignés ou les conseils en propriété intellectuelle.

Dans le but de permettre une recherche entrepreneuriale qui reste fondamentalement attachée aux informations payantes, l'innovation est considérée comme le lancement sur le marché des inventions avec succès commercial ; elle comprend alors la fabrication et la commercialisation de nouveaux biens et services de consommation, de nouveaux équipements de production et de services productifs, l'application d'une nouvelle méthode de production... bref elle est indissociable de l'ouverture de nouveaux marchés et se confond avec la réalisation de nouveaux moyens et méthodes d'accroissement de la productivité des facteurs de production employés[312].
Le binôme invention-innovation, au profit de la recherche entrepreneuriale, a son sens. En effet, l'entreprise ou l'indépendant qui veut mettre sur pied un dispositif en recourant aux données technologiques brevetées peut procéder sous contrat de licence.

II. MODALITÉS D'ACQUISITION DES INFORMATIONS PAYANTES

Quel que soit le mode d'exploitation du brevet, l'accès aux informations est possible.

L'entreprise ou l'indépendant qui recherche les informations brevetées contre paiement peut négocier la signature d'une licence (concession) ou la cession de brevet.

---

[311] Uzunidis, D., « La marchéisation de la recherche publique en France et la question de la propriété industrielle », in *Propriété industrielle et innovation. La « nouvelle économie » fausse-t-elle l'enjeu ?*, Paris, L'Harmattan, 2000, p. 162.
[312] *Ibid.*

Les informations seront mises à la disposition de l'acquéreur sous certaines réserves ou sous certaines conditions déterminées par le contrat de concession ou la cession de brevet.

La doctrine enseigne que le contrat de concession représente la masse la plus importante de conventions, il focalise l'attention du droit de la concurrence lorsqu'elle est qualifiée d'accord de transfert de technologie[313].

La licence prend la forme juridique d'un contrat de louage, un bail, dont l'objet est un bien intellectuel[314].

Sans transfert de propriété, il a pour effet d'accorder la jouissance du bien au licencié – concessionnaire –, dans les conditions du contrat[315].

Dès lors, une société commerciale ou une personne physique qui fait une innovation, à partir des données techniques obtenues via le contrat de concession, peut solliciter le dépôt d'un brevet sur le plan local, régional ou international.

Dans le même sens, lorsque les informations sont obtenues sous une cession, moyennant le prix consenti, le cessionnaire peut solliciter l'octroi d'un brevet pour toute innovation en résultant.

Pour les grands groupes économiques, qui recourent au brevet comme outil de recapitalisation ou de réalisation des bénéfices, le but est de maintenir leur position dominante. Les produits qui sont fabriqués après le processus de recherche sont commercialisés comme produits nouveaux, dont le secret est gardé dans un brevet.

On ne doute pas que cette manœuvre d'envergure occasionne plusieurs effets induits, tant pour l'entreprise que pour l'État et les autres intervenants.

---

[313] Binctin, N., *op. cit.*, p. 601.

[314] *Ibid.*

[315] *Ibid.*, p. 602.

L'exemple le plus courant est donné par les sociétés de télécommunications, pétrochimie, robotique ou chimie alimentaire.

La cession, c'est la vente. Elle est entendue comme une convention par laquelle l'un s'oblige à livrer une chose, et l'autre à la payer[316].

La doctrine retient que l'essentiel de la cession des biens intellectuels s'effectue suivant le droit commun des contrats[317].

On ne peut passer sous silence le fait que, dans une vente, les parties vont appliquer les dispositions du titre III du décret du 30 juillet 1888 sur des contrats ou des obligations conventionnelles, spécialement les articles 263, 264, 265, 275, etc.

Dans le cas d'espèce, le contrat transfère la propriété de la chose vendue à l'acquéreur.

Généralement, les industries pharmaceutiques, les structures à grands fourneaux, les grands groupes métallurgiques, etc., qui commercialisent des produits fabriqués à l'issue d'un long processus de recherche passent par les cessions ou les contrats de concession.

Actuellement, la Chine développe l'industrie intelligente, basée sur les machines du futur qui vont de moins en moins utiliser la capacité de l'homme[318]. On comprend bien que le brevet est le centre de cette activité inventive. Ces machines intelligentes seront opérationnelles en 2025.

Les entreprises ou les indépendants qui connaissent le rendement des robots, peuvent acquérir les informations brevetées à ces machines intelligentes via ces modes d'acquisition et de diffusion des biens intellectuels.

---

[316] Article 263 du décret du 30 juillet 1888 portant sur des contrats ou des obligations conventionnelles, communément appelé le Code civil congolais, livre III.

[317] Binctin, N., *op. cit.*, p. 574.

[318] Voy. les émissions du journal télévisé du 12 septembre 2015 de la télévision chinoise, Site de la télévision chinoise, www.fr.cntv.cn, consulté le 12 septembre 2015.

En effet, la Chine est la deuxième économie mondiale avec un énorme apport de technologie, et les demandes des brevets chinois créent de l'emploi et de la richesse[319].

Il s'agit là d'un bel exemple du volet recherche et développement en entreprise, pour les sociétés commerciales qui voudront utiliser le savoir technologique par le truchement du brevet d'invention.

III. LE CADRE LÉGAL DE L'INNOVATION

Depuis 2010, les États du tiers-monde peuvent bénéficier des informations gratuitement, par le biais des bibliothèques digitales[320].

Les artisans ou les entrepreneurs africains, dont les objectifs divergent naturellement, peuvent recourir à quatre-vingt-dix millions de brevets et quarante millions de sources non-brevets pour leur épanouissement et, par ricochet, celui de leurs États.

Il s'agit des renseignements déterminants, à même d'assurer leur survie économique. Surtout pour l'entrepreneur[321], qui est sous le label d'un grand groupe, ces informations sont plus que nécessaires.

Et lorsqu'on sait que le marché[322] est trop étroit pour la concurrence, les informations techniques payantes assurent

---

[319] *Ibid.*

[320] Le Centre d'Appui à la Technologie et à l'Innovation (CATI) est une initiative des ex-présidents Inacio Luiz Dasilva Lula du Brésil et Ernest Kirshner de l'Argentine ; voy. Ituku Elangi Botoy, *Cours sur le CATI*, septembre 2015 et www.wipo.int/tisc, consulté le 12 septembre 2015.

[321] Un entrepreneur est défini de plusieurs manières. La définition qui nous paraît appropriée est la suivante : « une personne qui accepte de risquer de l'argent pour gagner de l'argent ». Voy. Strauss, S. D., *La bible de la petite entreprise*, Paris, Nouveaux Horizons, 2012, p. 6.

[322] Le marché est un lieu où se confrontent les offres et les demandes d'un bien particulier. Le marché du parfum réunit les offres des entreprises Dior, Chanel, Lancôme, etc., et les demandes de millions de consommateurs potentiels. Le marché

des gains économiques, tout simplement parce que l'opérateur qui en détient va innover et, plus tard, solliciter la protection de ces données techniques.

On comprend dès lors que, si le brevet est accordé, les affaires dudit opérateur vont croître par la possibilité qu'il a soit de céder le titre, soit de l'exploiter sous forme de licence. Ces deux opérations sont très lucratives et même susceptibles d'évaluation laborieuse par des bureaux de conseil et audit.

Entreprendre une activité de recherche et développement, c'est, d'un point de vue financier, engager des dépenses qui ne sont pas directement rentables mais qui peuvent à terme conduire vers de nouveaux produits ou de nouvelles techniques de production à la rentabilité élevée. Il s'agit donc, comme chacun le sait, d'un investissement beaucoup plus que d'une dépense[323].

Fondamentalement, la protection de la technologie par le biais d'un brevet d'invention est, pour une société commerciale en quête de valorisation en bourse, une démarche précieuse et capitale.

Il en est de même d'une entreprise qui veut lancer de nouveaux produits dont la démarche a été l'utilisation des données d'un brevet antérieur.

L'évaluation de ses actifs incorporels est très laborieuse, tel est le cas d'une entreprise dont les perspectives de vente dépendent pour partie du succès commercial et du développement d'un nouveau produit.

---

du dollar réunit ceux qui veulent en acheter et ceux qui veulent en vendre. Dans ce cas, la confrontation s'effectue directement dans l'ensemble des magasins spécialisés ; dans l'autre, le marché se situe plus abstraitement dans l'ensemble des salles de marché des banques du monde entier, réunies par des réseaux électroniques. Une caractéristique essentielle du marché est le prix de vente du produit considéré. Le prix est d'autant plus élevé que les acheteurs sont attachés au produit et ont les moyens de se le procurer ; il est d'autant plus bas que les producteurs savent le produire de façon efficace ou que la demande en est faible. Voy. Bezbakh, P. et Gherardi, S., *op. cit.*, p. 436.

[323] Raimbourg, P. et Boizard, M., *op. cit.*, p. 26.

Les résultats des premiers tests de commercialisation ne seront connus que dans un an. L'entreprise pourra alors construire une nouvelle ligne de production si les tests se sont révélés favorables, ou ne pas investir dans le cas contraire[324].

Cette vue d'optique est aisément concevable pour des grandes entreprises. Mais pour une start-up, en quête de financement, la protection d'une technologie par le biais d'un brevet est cruciale, faute de moyens financiers.

En France, depuis la fin des années 1960, l'État a beaucoup compté sur l'Agence nationale de valorisation de la recherche (ANVAR) pour développer les liens entre la recherche universitaire, le Centre national de recherche scientifique (CNRS) et les entreprises[325].

En RDC, l'État n'a pas créé le cadre propice pour innovation, à telle enseigne qu'on peut faire recours aux moteurs de recherche payants.

Cependant, il faut savoir que, très souvent, le brevet reste difficilement accessible aux petites entreprises, à part pour celles de plus en plus nombreuses qui font partie de groupes de plus grande taille. Le coût du brevet, la lourdeur des procédures administratives, son inefficacité pour protéger les inventions en sont les principales causes.

En effet, en échange du monopole d'exploitation temporaire que confère le brevet, l'obligation de divulguer le contenu informationnel de l'invention pénalise les petites entreprises. Les grandes entreprises associent plus facilement au brevet d'autres moyens de protection de leur patrimoine scientifique et technique, comme par exemple le secret ou le maintien d'une avance constante sur leurs concurrents[326].

---

[324] *Ibid.*, p. 23.

[325] Uzunidis, D., *op. cit.*, p. 167.

[326] Laperche, B., *op. cit.*, p. 13.

L'innovation, obtenue dans le cadre des informations gratuites ou payantes, reste dès lors un merveilleux outil qui mène au développement et à la création de richesse dans un État.

Un peuple qui n'innove pas, dit-on, est voué à sa propre mort. Car depuis l'Antiquité, l'on a constaté que les inventions, les créations et les œuvres de l'esprit ont été à la base de l'enrichissement ou même du mercantilisme[327] des États, des souverains et des particuliers.

Pour les inventeurs (chercheurs, étudiants, grandes entreprises et rarement les petites entreprises), les informations d'un brevet constituent un creuset capable de mettre à leur profit d'autres points d'études qui peuvent d'une part influer sur les théories et hypothèses développées antérieurement et d'autre part assurer des gains économiques par la commercialisation effective des produits issus de la recherche et dont les informations techniques sont couvertes par un brevet d'invention.

Les systèmes juridiques de protection constituent une garantie efficace pour un entrepreneur.

[327] Dans l'ouvrage intitulé *De l'OMPI au GATT. La protection internationale des droits de la propriété intellectuelle*, Paris, Litec, 1994, pp. 35-36, Shu Zhang note « qu'au fur et à mesure, la conscience protectionniste se développait. Vers 1450 a débuté l'âge du mercantilisme, notamment en Grande-Bretagne. Ces monarques, toujours à la recherche d'argent, multipliaient les octrois des privilèges, inaugurant dans ce domaine une rivalité qui deviendrait séculaire ».

CHAPITRE VIII
DES SYSTÈMES JURIDIQUES DE PROTECTION DES BREVETS COMME DROITS DE PROPRIÉTÉ INTELLECTUELLE

I. DU SYSTÈME NATIONAL DE PROTECTION DE BREVETS

Une demande de brevet est généralement déposée auprès d'un office national des brevets[328], et ce brevet peut être délivré et produire des effets uniquement dans le pays dans lequel la protection par brevet est demandée, conformément à la législation de ce pays[329].

En effet, le système de protection nationale ou par la voie nationale admet que chaque État a ses règles propres pour la délivrance, l'exploitation et la défense des brevets d'invention[330].

Ces règles sont applicables seulement sur le territoire considéré, un inventeur devant déposer des demandes de brevets dans chacun des États sur le territoire desquels il désire assurer la protection de son invention, en observant chaque législation particulière[331].

---

[328] Guide *sur l'utilisation de l'information en matière de brevets*, Genève, OMPI, 2012 de l'OMPI, www.wipo.int/patentscope/fr, consulté le 21 octobre 2018.

[329] *Ibid.*

[330] Phelip, B., *op. cit.*, p. 279.

[331] *Ibid.*

En RDC, le système national est décrit par la loi régissant la propriété industrielle.

En règle générale, après l'accomplissement des formalités prescrites, il sera délivré au titulaire, à son mandataire ou à son ayant cause, l'original du brevet ou du certificat d'encouragement auquel seront annexés un exemplaire du mémoire descriptif de l'invention ou de la découverte et, le cas échéant, les dessins dûment numérotés se rapportant à cette description[332].

Les formalités prescrites sont déterminées par la loi, à commencer par la brevetabilité.

Est brevetable, toute invention nouvelle qui, résultant d'une activité inventive, est susceptible d'être exploitée comme objet d'industrie ou de commerce[333].

Le dépôt comprend le nom du titulaire ou, le cas échéant, le mandataire, la description claire et complète de l'invention. Elle est illustrée par des formules ou schémas (mémoire descriptif du produit), l'objet de l'invention, les revendications définissant l'étendue de la protection demandée, les indications relatives aux titres délivrés à l'étranger, la classification internationale et la justification du paiement des taxes[334].

Le dépôt de la demande de brevet est effectué au département ayant la propriété industrielle dans ses attributions[335] et pour l'opposabilité du brevet aux tiers, il doit être publié au journal officiel[336].

---

[332] Article 33 de la loi n°82-001 du 7 janvier 1982 régissant la propriété industrielle.

[333] Article 6 de la loi n°82-001 du 7 janvier 1982 régissant la propriété industrielle.

[334] Voy. article 16 de la loi n°82-001 du 7 janvier 1982 régissant la propriété industrielle.

[335] Article 24 de la loi n°82-001 du 7 janvier 1982 régissant la propriété industrielle.

[336] Article 60 de la loi n°82-001 du 7 janvier 1982 régissant la propriété industrielle.

À partir de la délivrance du brevet, et même, à certains égards, à partir du dépôt de la demande, le breveté acquiert divers droits et, en contrepartie, a certaines obligations[337].

Il reste que le breveté a le droit de revendiquer la paternité du brevet.

Au titre des obligations, il exploite le brevet, paie des taxes et redevances, d'une part et d'autre part, les annuités fiscales attachées à son brevet.

Il est clair que le brevet délivré par un État donné, l'est pour son territoire. Ce principe connu des juristes c'est la territorialité.

En clair, les droits conférés par le brevet sont exclusifs et le brevet délivré (titre de propriété) par le ministère de l'Industrie en RDC est territorial.

Il s'ensuit que la territorialité en matière de brevet se traduit par l'impossibilité pour un titulaire d'opposer son droit aux auteurs d'actes accomplis en dehors du territoire de l'État qui a délivré le titre[338].
En RDC, la territorialité du brevet est visée par les alinéas 1er et 2 de l'article 1er en combinaison avec l'alinéa 1er de l'article 2 et l'article 3 de la loi régissant la propriété industrielle.

II. DU SYSTÈME RÉGIONAL DE PROTECTION DE BREVETS

Le système régional de protection constitue la voie régionale. Dans le cas d'un espace beaucoup plus grand qu'un seul État, le breveté fait une demande qui prend en compte plusieurs États inclus dans une région géographique donnée.

Dans certaines régions, des demandes régionales de brevet peuvent être déposées auprès d'un office régional des brevets,

---

337 Phelip, B., *op. cit.*, p. 123.
338 Zhang, S., *op cit.*, p. 148.

par exemple l'Organisation régionale africaine de la propriété intellectuelle (ARIPO) ou l'Office européen des brevets (OEB)[339].

Les demandes régionales de brevet produisent les mêmes effets que les demandes déposées dans les États parties à l'accord régional sur les brevets correspondants. Dans certaines régions, les brevets sont délivrés au niveau central sous la forme d'un « bouquet » de brevets nationaux. Dans d'autres régions, un brevet régional unique délivré par l'office régional des brevets produit ses effets sur la totalité du territoire de cette région. Pour que les brevets soient validés dans les États membres, la remise d'une traduction du brevet délivré dans la langue nationale peut être exigée[340].

Le système de « régionalisation »[341] s'est sensiblement accéléré dans les vingt dernières années et a donné lieu à des formes spécifiques de coopération internationale intergouvernementale dans différentes parties du monde.

Ces systèmes régionaux jouent un rôle primordial, en général, dans l'élargissement de la dimension internationale de la protection de la propriété industrielle et, en particulier, dans le cadre d'exemples spécifiques d'intégration économique régionale[342].

En Europe, la Convention sur la délivrance de brevets européens (Convention sur le brevet européen de 1973, modifié en 1996) fixe les conditions uniformes d'instruction et de délivrance de brevets administrés par l'OEB. En Amérique du Nord, l'Accord de libre-échange nord-américain (ALENA) de 1993 assure la protection efficace de la propriété intellectuelle. En Amérique latine, l'Accord d'intégration sous-

---

[339] *Guide sur l'utilisation de l'information en matière de brevets*, Genève, OMPI, 2012, www.wipo.int/patentscope/fr, consulté le 21 octobre 2018.

[340] *Ibid.*

[341] Ilardi, A., « Le système international de protection et régional de protection de la propriété industrielle », in *Propriété industrielle et innovation. La « nouvelle économie » fausse-t-elle l'enjeu ?*, Paris, L'Harmattan, 2000, p. 112.

[342] *Ibid.*

régional des pays du groupe andin (Accord de Carthagène, Règlement n°85 de la Commission) détermine le domaine de la propriété industrielle[343].

A. L'Office européen des brevets

Mousseron note que les travaux qui auraient abouti à la Convention sur le brevet européen ont débuté en 1960, date à laquelle il fut décidé de créer, pour les États de la Communauté économique européenne, un droit uniforme en ce qui concerne la protection conférée par les brevets, les marques et modèles déposés[344].

En bref, l'idée fondamentale du brevet européen étant de substituer une procédure unique à plusieurs procédures, le dépôt de la demande peut s'effectuer soit auprès de l'Office européen des brevets, soit par l'intermédiaire d'un Office national récepteur[345].

Il reste vrai que le brevet européen a un champ beaucoup plus large que les brevets nationaux respectifs des États membres de l'Union européenne.

Il s'infère que le champ du brevet européen devient plus étendu que, par exemple, le brevet français, belge ou portugais qui sont limités aux territoires respectifs de ces États membres de l'Union européenne.

B. L'organisation africaine de la propriété intellectuelle et l'African regional intellectual property organization

L'OAPI et l'ARIPO sont des organisations africaines de protection de propriété intellectuelle. La RDC ne fait pas partie de ces deux organisations régionales.

---

[343] *Ibid.*

[344] Mousseron, J.-M., *Les effets du Marché commun sur le droit de brevet*, Lyon, Ann. Fac., 1969, p. 33, cité par Zhang, S., *op. cit.*, p. 148.

[345] Zhang, S., *op. cit.*, p. 148.

1. L'ARIPO

Cette organisation a été instituée par l'Accord de Lusaka sur la création de l'Organisation régionale africaine de propriété industrielle (ARIPO) (1976) ; modifiée en 1986[346].
Dans le cadre de l'ARIPO, un protocole relatif aux brevets et aux dessins et modèles industriels a été adopté en 1982 et un protocole relatif aux marques a été adopté en 1993. En vertu de ces protocoles, l'ARIPO est compétente pour instruire les demandes de brevet et d'enregistrement de dessins ou modèles industriels et de marques et octroyer les titres correspondants pour le compte des pays membres désignés par les déposants[347].

2. L'OAPI

L'OAPI a été mise en place par l'accord de Bangui de 1977. Cette organisation institue un système commun aux pays membres pour l'octroi et le maintien des titres de propriété industrielle.

Le dépôt des demandes de protection doit être effectué auprès de l'OAPI à Yaoundé (Cameroun), qui agit comme office national de la propriété industrielle pour chaque pays membre. Les titres délivrés par l'OAPI ont l'effet de titres nationaux de propriété industrielle et produisent leurs effets dans tous les pays membres[348].
Il en résulte que, pour les brevets délivrés par les organisations régionales, le système de protection est meilleur et large, comparativement au système étatique.

---

[346] Ilardi, A., *op. cit.*, p. 114.
[347] *Ibid.*
[348] *Ibid.*

II. LE SYSTÈME INTERNATIONAL DE PROTECTION DE BREVETS

Les droits de propriété intellectuelle au sens moderne doivent leur protection internationale principalement à l'OMPI. Celle-ci en tant que « grand ministère de la propriété intellectuelle »[349], assure exclusivement l'administration des conventions de Berne et de Paris, et s'efforce sans cesse de moderniser ces deux conventions en suivant l'évolution des objets qui les intéressent[350].

Clairement, et dans le sens de l'affirmation ci-dessus, Alfredo ILARDI souligne que « le système international de protection industrielle trouve ses origines dans la Convention de Paris pour la protection de la propriété industrielle (1883) »[351]. De même, le système international de protection de la propriété littéraire et artistique trouve ses fondements dans la Convention de Berne pour la protection des œuvres littéraires et artistiques (1886)[352].

Des principes de base et fondements du système international de protection de brevets contenus dans plusieurs textes internationaux, dont la convention de Paris pour la protection de la propriété industrielle de 20 mars 1883 de concert avec l'accord du 15 avril 1994 sur les Aspects commerciaux des différents droits de propriété intellectuelle, il nous reviendra d'évoquer les traits essentiels de l'évolution.

Le système international de protection des droits de propriété intellectuelle est ouvert à l'ensemble des droits de la Convention de Paris 1883 et ceux couverts par la Convention de Berne de 1886.

---

[349] Ce terme a été utilisé par Secretan, J., *Nations unies ou fédéralisme ?*, Paris, Sirey, 1958, p. 158, cité par Zhang, S., *op cit.*, p. 71.

[350] Zhang, S., *op cit.*, p. 71.

[351] Ilardi, A., *op. cit.*, p. 101.

[352] *Ibid.*

Ainsi, ce système est ouvert pour les droits contenus dans ce dispositif juridique. Les termes « œuvres littéraires et artistiques » comprennent toutes les productions du domaine littéraire, scientifique et artistique, quel qu'en soit le mode ou la forme d'expression, telles que: les livres, brochures et autres écrits ; les conférences, allocutions, sermons et autres œuvres de même nature ; les œuvres dramatiques ou dramatico-musicales ; les œuvres chorégraphiques et les pantomimes ; les compositions musicales avec ou sans paroles ; les œuvres cinématographiques, auxquelles sont assimilées les œuvres exprimées par un procédé analogue à la cinématographie ; les œuvres de dessin, de peinture, d'architecture, de sculpture, de gravure, de lithographie ; les œuvres photographiques, auxquelles sont assimilées les œuvres exprimées par un procédé analogue à la photographie ; les œuvres des arts appliqués ; les illustrations et les cartes géographiques ; les plans, croquis et ouvrages plastiques relatifs à la géographie, à la topographie, à l'architecture ou aux sciences[353].

Il en est de même de la protection assurée pour les brevets d'invention, les modèles d'utilité, les dessins ou modèles industriels, les marques de service, le nom commercial et les indications de provenance ou appellations d'origine, ainsi que la répression de la concurrence déloyale. La propriété industrielle s'entend dans l'acception la plus large et s'applique non seulement à l'industrie et au commerce proprement dits, mais également au domaine des industries agricoles et extractives et à tous produits fabriqués ou naturels, par exemple : vins, grains, feuilles de tabac, fruits, bestiaux, minéraux, eaux minérales, bières, fleurs, farines[354].

Pour la RDC, il faut noter que la Convention de Paris n'a pas fait l'objet de publication au *Journal officiel*, mais c'est depuis le 31 janvier 1975 qu'elle fait partie de son arsenal juridique. Elle

---

[353] Voy. l'article 2.1 de la Convention de Berne du 9 septembre 1886 pour la protection des œuvres littéraires et artistiques.

[354] Voy. l'article 1er de la Convention de Paris du 20 mars 1883 pour la protection de la propriété industrielle.

s'applique donc dans son système juridique et est appliquée par les cours et tribunaux conformément à la Constitution[355].

Mise ensemble avec l'accord sur les aspects internationaux des droits de propriété intellectuelle qui touchent au commerce (ADPIC), la Convention de Paris de 1883 offre une protection juridique solide à la faveur des principes et règles émis et distillés par ce corps des règles juridiques.

Cependant, nous nous mettons en devoir de rappeler aussi que l'accord sur les aspects internationaux des droits de propriété intellectuelle qui touchent au commerce (ADPIC) devait entrer en vigueur pour la RDC depuis le 1er juillet 2013 selon la décision de l'OMC, et ce après la mise en conformité de la loi sur la propriété intellectuelle audit accord.

À ce jour, on est en attente de l'adoption de la nouvelle loi sur le droit de propriété intellectuelle par le Parlement congolais.

Toutefois, un regard sur l'arrêt de la Cour européenne de justice sur cet accord nous fait réfléchir, car le juge européen décide que « l'accord sur les ADPIC n'a pas directement force obligatoire dans l'ordre interne ».

Dans l'arrêt Dior, la Cour européenne de justice l'a confirmé en ce qui concerne les États membres de l'UE. Cependant, dans cette affaire, la Cour a également jugé que les membres de l'UE étaient libres de conférer à l'Accord sur les ADPIC un effet direct sur leur propre territoire[356].

Nous estimons que la solution, pour l'application des lois et accords internationaux, provient du législateur. Lorsqu'il décide que les lois, conventions ou accords doivent faire partie

---

[355] L'alinéa 4 de l'article 153 de la Constitution de la RDC du 18 février 2006 telle que modifiée par la loi n°11/002 du 20 février 2013 porte que « Les Cours et Tribunaux, civils et militaires, appliquent les traités internationaux dûment ratifiés, les lois, les actes réglementaires pour autant qu'ils soient conformes aux lois ainsi que la coutume pour autant que celle-ci ne soit pas contraire à l'ordre public ou aux bonnes mœurs ».

[356] Cf. CJCE, 14 décembre 2000, *Parfums Christian Dior Sa c. Tuk Consultancy BV* et *Assco Geruste GmbH et Rob van Dijk c. Wilhelm LayherGmbH & Co. KG et Layher Bv*, affaires jointes C-300 et 392/98, http://oami.europa.eu. Voy.Schmitz, I., *op. cit.*, p. 99.

de l'arsenal juridique interne, il n'y a pas lieu à discussion ou doute et c'est le cas de la RDC.
Sous l'égide de l'OMPI, on a assisté à la simplification des procédures de demande des brevets sur le plan international. Les États ont adhéré à l'idée des règles pour une meilleure protection des brevets d'invention.

À la base, on note l'accroissement spectaculaire des échanges internationaux de produits et de moyens incorporant des acquis techniques, autant que la nécessité d'assurer aux inventeurs une meilleure protection, notamment par simplification de la procédure d'octroi des brevets[357].

Cette situation a suscité, une source unioniste du droit des brevets[358]. En clair, dans ce système international, on relève la procédure consistant en un dépôt unique avec large spectre dans plusieurs États.

Le PCT signé à Washington le 11 juillet 1970 et le Traité de Budapest conclu en 1979 par exemple, prévoient la possibilité pour les inventeurs des États parties, grâce à un seul dépôt de demande de brevets effectué auprès d'un office national récepteur, de désigner une série de pays dans lesquels une protection est souhaitée. L'office récepteur transmettra cette demande au Bureau International de l'OMPI, pour qu'on procède d'abord à la phase internationale de l'examen[359].
Vu l'importance de cette convention, comme système de prise en charge de la propriété industrielle sur le plan international, il y a nécessité d'y jeter un regard dans les prochains développements.

---

[357] Zhang, S., *op. cit.*, p. 130.

[358] *Ibid.*, p. 130.

[359] Van Reepinghen, V.B. et De Brabanter, M., *Le brevet d'invention*, Bruxelles, Larcier, 1987, p. 326, cité in Zhang, S., *op. cit.*, p. 131 ; PCT et règlements d'exécution, OMPI, Genève, 1985, p. 12.

A. Quelques éléments phares de la Convention de Paris du 20 mars 1883

La Convention de Paris, premier exemple de traité multilatéral en matière de protection internationale de la propriété industrielle, renferme les principes fondamentaux en la matière et précise son champ d'application[360].

1. Les principes affirmés par la Convention

A) *LE PRINCIPE DU « TRAITEMENT NATIONAL »*

L'article 2.1 dispose que « les ressortissants de chacun des pays de l'Union jouiront dans tous les autres pays de l'Union, en ce qui concerne la protection de la propriété industrielle des avantages que les lois respectives accordent actuellement ou accorderont par la suite aux nationaux, le tout sans préjudice des droits spécialement prévus par la présente convention. En conséquence, ils auront la même protection que ceux-ci et le même recours légal contre toute atteinte portée à leurs droits, sous réserve de l'accomplissement des conditions et formalités imposées aux nationaux »[361].
Ainsi, chaque pays de la Convention, qui accorde des avantages à ses nationaux, doit accorder aux ressortissants d'autres pays membres les mêmes avantages en matière de protection de la propriété industrielle[362].

B) *LE « DROIT DE PRIORITÉ »*

Le droit de priorité est prévu au sein de l'article 4, A, 1), qui dispose que « celui qui aura régulièrement fait le dépôt d'une demande d'invention, d'un modèle d'utilité, d'un dessein ou modèle industriel, d'une marque de fabrique ou de commerce, dans l'un des pays de l'Union, ou son ayant cause, jouira, pour

---

[360] Ilardi, A., *op. cit.*, p. 101.
[361] Article 2.1 de la Convention de Paris du 20 mars 1883.
[362] Ilardi, A., *op. cit.*, p. 102.

effectuer le dépôt dans les autres pays, d'un droit de priorité pendant les délais déterminés ci-après »[363].

Il arrive fréquemment que plusieurs personnes cherchent en même temps à trouver une ou des solutions à un problème technique particulier. Toutefois, un brevet ne peut être délivré, pour la même invention, qu'à l'une d'entre elles et la plupart des pays suivent le principe dit du premier déposant pour délivrer le brevet à celui qui le premier a déposé la demande.

En clair, si vous souhaitez obtenir une protection par brevet pour la même invention dans plusieurs pays, ce principe est fort utile, car il vous évite de devoir déposer votre demande dans tous ces pays en même temps. Selon la Convention de Paris pour la protection de la propriété industrielle, dès que vous déposez une demande dans un pays partie à la convention, vous êtes habilité à revendiquer la priorité pour une période de 12 mois, la date de dépôt de cette première demande étant considérée comme « date de priorité ». Par conséquent, quand vous demandez la protection dans d'autres pays membres (de la Convention de Paris) durant ce délai de 12 mois, la date de dépôt de votre première demande est considérée ayant « priorité » sur les autres demandes déposées ultérieurement.

Dans ce cas, vous demeurez le premier déposant dans les autres pays membres, même si d'autres demandes ont été déposées avant la date de dépôt de votre demande dans ces pays[364].

Les demandes ultérieures seront considérées comme ayant été déposées à la même date que la première relative au même titre, déposée après la date de la première demande et par rapport à tout acte accompli après cette date[365].

---

[363] Article 4, A, 1, de la Convention de Paris du 20 mars 1883 pour la protection de la propriété industrielle.

[364] Voy. www.wipo.int, consulté le 24 novembre 2016.

[365] Ilardi, A., *op. cit.*, p. 103.

2. Le champ d'application

Ce champ d'application est fixé par d'une part l'article 1er, 2, qui dispose que « la protection a pour objet les brevets d'invention, les modèles d'utilité, les dessins ou modèles industriels, les marques de service, le nom commercial et les indications de provenance ou appellation d'origine, ainsi que la répression de la concurrence déloyale », et d'autre part l'article 1er, 3, qui dispose que « la propriété industrielle s'entend dans l'acception la plus large et s'applique non seulement à l'industrie et au commerce proprement dits, mais également au domaine des industries agricoles et extractives et à tous produits fabriqués ou naturels, par exemple : vins, grains, feuilles de tabac, fruits, bestiaux, minéraux, eaux minérales, bières, fleurs, farines »[366].

Actuellement, le cannabis est l'objet de plusieurs recherches dans le domaine de la pharmacie. Dans les années qui viennent, beaucoup d'inventions verront jour pour soigner, peut-être, les maladies qui n'ont pas encore une thérapie appropriée ; c'est le cas de la maladie d'Alzheimer, de Parkinson, etc.

Ainsi, l'article 1er, 3, trouvera application même pour le cannabis, qui offre en perspective un large marché pour les inventeurs et opérateurs socio-économiques.

B. Traits caractéristiques de l'évolution de la Convention de Paris

La Convention de Paris a été soumise à plusieurs révisions[367]. Pendant cent ans, ses révisions successives ont

---

[366] Article 1, 2 et 3, de la Convention de Paris du 20 mars 1883 pour la protection de la propriété industrielle.

[367] Alfredo Ilardi note qu'il y eut plusieurs révisions (six à partir de 1883, dont la dernière à Stockholm en 1967) qui ont eu pour effet de mieux préciser et d'élargir la portée des normes conventionnelles. Voy. Ilardi, A., *op. cit.*, p. 101.

progressivement amélioré le niveau de protection qu'elle offre aux détenteurs du brevet[368].

L'évolution[369] de cette Convention porte sur plusieurs instruments internationaux de protection de brevet, comme titre de propriété temporaire.

Il s'agit des traités instituant une protection de la propriété industrielle en général et ceux instituant une procédure pour l'acquisition des droits dans plusieurs pays.

Dans le premier groupe, il y a l'arrangement de Madrid concernant la répression des indications de provenance fausses et fallacieuses sur les produits (1891) ; l'Acte de Lisbonne de 1958 et Acte additionnel de Stockholm de 1967 ; la Convention sur l'unification des certains éléments du droit des brevets d'invention (Strasbourg de 1963) ; le Traité de Budapest sur la reconnaissance internationale du dépôt des micro-organismes aux fins de la procédure en matière de brevets de 1977 ; le Traité de Nairobi sur la protection du symbole olympique de 1981.

Dans le deuxième groupe, on peut citer les instruments suivants[370] :

1) Le Traité de coopération en matière de brevets (PCT) de 1970

– L'Arrangement de Madrid concernant l'enregistrement international des marques de 1981 (Acte de Stockholm de 1967) et le Protocole relatif à l'Arrangement de Madrid concernent l'enregistrement international des marques de 1989.

– En matière d'indications de provenance et d'appellations d'origine : Arrangement de Lisbonne pour la protection des appellations d'origine et leur enregistrement international de 1958 ; Acte de Stockholm de 1967.

---

[368] *Ibid.*

[369] *Ibid.* Voyez toutes ces données évolutives évoquées.

[370] *Ibid.*, p. 101.

- En matière de dessins et modèles industriels : Arrangement de La Haye concernant le dépôt international des dessins et modèles industriels de 1925 ; Acte de Genève de 1999.

2) Les Traités instituant les classifications internationales

- En matière de brevets : Arrangement de Strasbourg concernant la classification internationale des brevets de 1971.
- En matière des marques : Arrangement de Nice concernant la classification internationale des produits et des services aux fins de l'enregistrement des marques de 1957 (Acte de Genève de 1977).
- En matière des dessins et modèles industriels : Arrangement de Locarno instituant une classification internationale pour les dessins et modèles industriels de 1968.

IV. L'APPORT DU SYSTÈME INTERNATIONAL DE PROTECTION DE BREVETS DANS LE COMMERCE INTERNATIONAL

Un regard sur l'histoire évolutive et riche du développement des États, démontre que des vives discussions au sein des institutions spécialisées des Nations Unies et autres institutions de portée internationale étaient présentes à tous les rendez-vous, pour instaurer un nouvel ordre économique mondial[371], ce qui suscita une nette division entre les pays du Tiers-Monde et les pays développés.

---

[371] Les différentes résolutions de la conférence sur le droit de la mer au Venezuela, de la conférence mondiale sur la population à Bucarest en 1974, la conférence mondiale de l'alimentation à Rome en novembre 1974, la deuxième conférence de l'ONUDI à Lima en mars 1975 jetèrent les bases du nouvel ordre économique international (NOEI) ; voy. également Pretnar, S., *La protection internationale de la propriété industrielle et les différents stades de développement économique des États*, P. I., LXIX, 12 décembre 1953, pp. 213-214.

Shu Zhang note, d'ailleurs assez sérieusement, que ce débat a provoqué une remise en cause du système de brevets et a rendu impérative une adaptation de la Convention de Paris[372].

L'apport du système international de brevets n'est plus à démontrer, en raison de son spectre très large, pouvant protéger le titre obtenu par l'inventeur sur le plan mondial. C'est ce qui explique que les demandes de brevets peuvent être faites par voie régionale, par le système de PCT ou directement à l'OMPI.

Concrètement, les demandes internationales peuvent être déposées auprès des offices de brevets des États contractants du Traité de coopération en matière de brevets (PCT) ou auprès du Bureau international de l'Organisation Mondiale de la Propriété Intellectuelle ou auprès d'un office régional par toute personne domiciliée dans un État contractant du PCT ou tout ressortissant d'un tel État[373].

De façon pratique, il faut noter que le système de protection limité géographiquement dans un pays coexiste avec les voies internationales.

C'est-à-dire que les voies internationales ne permettent pas aujourd'hui l'octroi d'un titre supranational mais facilitent plus ou moins l'obtention de la protection dans une pluralité de pays. La voie internationale dite PCT recense 150 000 demandes pour 2006 dont 4 % sont d'origine française (source INPI/PP/2007)[374].

L'impact du système international couvre, géographiquement, plusieurs pays ; ce qui est un avantage pour l'inventeur qui voit son titre être octroyé après la procédure rigoureuse suivante :

1) Le dépôt : un déposant choisit une voie de dépôt (nationale, régionale ou internationale) et présente

---

[372] Zhang, S., *op. cit.*, p. 162.

[373] Guide *sur l'utilisation de l'information en matière de brevets*, Genève, OMPI, 2012, www.wipo.int/patentscope/fr, consulté le 28 avril 2016.

[374] *Code de propriété industrielle*, 13e éd., Paris, Dalloz, 2013, p. 484.

une demande. Le dépôt initial est considéré comme le « dépôt prioritaire » à partir duquel d'autres dépôts nationaux, régionaux ou internationaux successifs peuvent être effectués dans le « délai de priorité » d'une année prévu par la Convention de Paris pour la protection de la propriété industrielle[375].

2) L'examen quant à la forme : l'Office des brevets vérifie que toutes les formalités administratives sont remplies, par exemple que la demande contient tous les documents pertinents et que toutes les taxes de dépôt ont été acquittées[376].

3) La recherche sur l'état de la technique : dans de nombreux pays, mais pas tous, l'Office des brevets effectue une recherche sur l'état de la technique, c'est-à-dire sur toutes les informations technologiques pertinentes publiquement connues au moment du dépôt de la demande de brevet ou, le cas échéant, au moment du dépôt de la demande établissant la priorité. En faisant appel à des bases de données détaillées, des examinateurs spécialisés établissent un « rapport de recherche » qui recense l'état de la technique pertinent[377].

4) La publication : dans la plupart des pays, la demande de brevet est publiée 18 mois après la date de priorité, c'est-à-dire après la date du dépôt de la demande ou de la demande établissant la priorité. En règle générale, le brevet est aussi publié après sa délivrance[378].

---

[375] *Guide sur l'utilisation de l'information en matière de brevets*, Genève, OMPI, 2012, www.wipo.int/patentscope/fr, consulté le 21 octobre 2018.

[376] *Ibid.*

[377] *Ibid.*

[378] *Guide sur l'utilisation de l'information en matière de brevets*, Genève, OMPI, 2012, www.wipo.int/patentscope/fr, consulté le 21 octobre 2018.

5) L'examen quant au fond : tous les offices ne procèdent pas à l'examen quant au fond et certains ne le font que s'ils en reçoivent la demande dans un certain délai. L'examinateur vérifie que la demande remplit les conditions de nouveauté et d'activité inventive (non-évidence) par rapport à l'état de la technique tel qu'il ressort du rapport de recherche, puis vérifie que l'invention est susceptible d'application industrielle et entre dans le cadre des objets brevetables.

   Dans de nombreux pays, la recherche sur l'état de la technique et l'examen quant au fond sont effectués consécutivement[379]. En droit français, l'état de la technique est constitué par tout ce qui a été rendu accessible au public avant la date de dépôt de la demande de brevet par une description écrite ou orale[380].

6) La délivrance ou le refus : en général, si les critères de brevetabilité ne sont pas remplis, le déposant a la possibilité de modifier sa demande. Si la procédure d'examen débouche sur un résultat positif, le brevet est octroyé et l'office délivre un certificat de délivrance. Dans le cas contraire, la demande de brevet est rejetée[381].

7) L'opposition : de nombreux offices de brevets permettent aux tiers de s'opposer à des brevets délivrés dans un délai déterminé, au motif qu'en fait la demande ne remplit pas les conditions de brevetabilité.

---

[379] *Ibid.*

[380] Voy. l'article L611-11 du *Code de la propriété intellectuelle*, Paris, Dalloz, 2013, p. 493.

[381] *Guide sur l'utilisation de l'information en matière de brevets*, Genève, OMPI, 2012, www.wipo.int/patentscope/fr, consulté le 21 octobre 2018.

Dans certains pays, les tiers disposent également d'un certain délai pour présenter des observations et former des oppositions avant la délivrance[382].

La convention instituant l'OMPI a un caractère institutionnel et administratif en ce qui concerne les traités administrés par cette organisation.

L'ensemble de ces traités témoigne de la volonté des États de poursuivre l'adaptation constante des normes conventionnelles aux nouvelles réalités technologiques et économiques[383].

8) Le recours : d'une manière générale, les décisions de délivrer ou de refuser de délivrer un brevet et les décisions des chambres sont susceptibles de recours devant un organe administratif ou judiciaire[384].

Le système international de brevets peut emprunter la voie régionale ou internationale, permettant aux innovateurs de recourir à l'abondante connaissance, qui y est stockée. Ce système de recherche d'informations est bien ordonné et son apport très significatif. Tout intéressé qui voudra obtenir les informations est tenu d'indiquer, précisément, les données souhaitées.
Il s'agit d'une abondante source d'informations, qui peut donner des solutions technologiques aux problèmes de toute nature, ainsi posés par les innovateurs.

---

382 *Ibid.*

383 Ilardi, A., *op. cit.*, p. 112.

384 *Guide sur l'utilisation de l'information en matière de brevets*, Genève, OMPI, 2012, www.wipo.int/patentscope/fr, consulté le 21 octobre 2018.

V. LE SYSTÈME INTERNATIONAL DE PROTECTION DE BREVETS FACE À L'INNOVATION, LA RECHERCHE ET L'ENTREPRENEURIAT

Il faut savoir que la seconde moitié du XIXe siècle a été marquée par l'extension de la Révolution industrielle sur le continent européen, aux États-Unis et au Japon. La multiplication des innovations a permis l'arrivée sur le marché de nouveaux produits industriels moins chers et a considérablement réduit le coût des communications et des transports. Grâce au télégraphe, au chemin de fer et au navire à vapeur, les transports internationaux sont devenus non seulement moins coûteux mais aussi plus sûrs et plus rapides[385].
Les commerçants ont eu de plus en plus largement accès aux marchés des produits en vrac, jusque-là inaccessibles en raison des coûts de transport prohibitifs, ce qui a stimulé la production dans les régions récemment colonisées par les Européens. Ces nouveaux débouchés ont attiré les investissements étrangers et les immigrants, ce qui a accéléré l'intégration des marchés à l'échelle mondiale. C'est le secteur agricole au Royaume-Uni et sur le continent européen qui a subi le premier les répercussions de l'intégration des marchés mais, avec la propagation de l'industrialisation, la concurrence s'est intensifiée aussi entre les secteurs industriels des pays européens[386].

L'approche de l'Organisation mondiale du commerce, ici retracée, est au carrefour de plusieurs études sur l'évolution et la poussée de l'économie mondiale, issue de l'innovation et advenue à la faveur de technologies et des actifs immatériels des entreprises.

---

[385] OMC, *Rapport sur le commerce mondial*, 2007, p. 37, www.wto.org, consulté le 1er octobre 2018.

[386] *Ibid.*

En effet, pour nombre d'économistes, l'histoire économique est l'histoire des avancées technologiques[387].

L'innovation est, dans cette perspective, le *deus machina* capable d'accélérer le déroulement du film d'une triste réalité et d'envoyer ses acteurs et ses spectateurs dans un futur radieux[388].

La consécration de l'innovation nous fait croire, aujourd'hui, que le monde ne peut plus s'arrêter. Pas même qu'il ne peut revenir à la naissance de la technologie, par manque d'ingénieurs, de chercheurs ou d'absence d'entreprises comme pôles réceptifs d'études universitaires, appelés à relever un défi qui est imposé à la société par l'environnement.

Les problèmes de demain seront d'un autre ordre[389]. En tout cas, pas ceux liés à l'absence de l'innovation et de la technologie et à l'inexistence des repères distillés par des brevets antérieurs.

L'exemple pratique est donné par le Népal et le Guatemala. Ces deux pays sont confrontés à des défis similaires. Un important problème commun aux deux pays est celui de la pollution domestique[390].

En effet, l'un et l'autre utilisent en effet largement le bois comme combustible domestique. Le bois de chauffage représente plus de 60% de la consommation énergétique annuelle totale au Guatemala et pas moins de 78% au Népal. Cette situation est néfaste pour l'environnement et pour la population[391].

---

387 Uzunidis, D., *op. cit.*, p. 159.

388 *Ibid.*

389 De la faim, l'immigration sauvage, la déforestation et autres défis liés à la dégradation de l'environnement, lesquels restent consécutifs à l'accroissement des populations de la terre.

390 Voy. *Utilisation de la propriété intellectuelle au service du développement*, publication de l'OMPI, p. 14, www.wipo.int, consulté le 1er octobre 2018.

391 *Ibid.*, www.wipo.int, consulté le 1er octobre 2018.

Par exemple, le Guatemala perd chaque année une part estimée à 1% de ses forêts et la déforestation est aussi une source de préoccupation majeure au Népal. En outre, la fumée émanant des poêles à bois peut être à l'origine de graves problèmes de santé dans des foyers qui sont souvent mal ventilés. Les femmes et les enfants sont particulièrement vulnérables compte tenu du temps passé à préparer les repas[392].

En quête d'une solution à ce problème, le Népal et le Guatemala ont cherché la réponse au même endroit, à savoir dans les données de brevet. Les brevets sont une mine d'informations techniques car, pour obtenir une protection par brevet, un déposant doit fournir des détails complets sur son invention en expliquant comment la fabriquer et comment elle fonctionne[393].

Aujourd'hui, près de quatre millions de brevets, c'est-à-dire de monopoles d'exploitation temporaire concédés par des inventeurs à des tiers (individus ou entreprises) sont actifs dans le monde. Plus de douze mille normes techniques internationales, qui définissent les caractéristiques physiques de techniques ou de marchandises sont gérées par la principale institution de normalisation internationale – International Standard Organisation[394].

Les brevets et les normes techniques sont indissociables du progrès technique et imprègnent notre vie quotidienne : les ordinateurs, les jouets, les appareils électroménagers, les automobiles… sont protégés par un ou plusieurs brevets qui récompensent le génie de l'inventeur[395].

---

[392] *Utilisation de la propriété intellectuelle au service du développement*, publication de l'OMPI, p. 14, www.wipo.int, consulté le 1er octobre 2018.

[393] *Ibid.*

[394] Laperche, B., « Brevets et normes techniques. De l'incitation à l'invention au contrôle de l'innovation », in *Propriété industrielle et innovation. La « nouvelle économie » fausse-t-elle l'enjeu ?* Paris, L'Harmattan, 2000, p. 81.

[395] *Ibid.*

L'exemple décrit et orchestré par ces deux pays à revenus moyens, met en relief le lien qui existe entre la recherche, qui donne lieu à l'innovation qui est, elle, considérée comme maillon important de l'entrepreneuriat.

Ce lien congénital a déjà fait des preuves partout dans le monde. Il est maintenant séculaire et incontournable pour ses vertus.

CHAPITRE IX
LES STRATÉGIES ET TECHNIQUES DE RECHERCHE D'INFORMATIONS EN MATIÈRE DE BREVETS ET LE RÔLE DU CATI

En droit français, la recherche peut être faite en ligne, en français, sur la base de données gratuite gérée par l'INPI, à savoir FR-Esp@cenet, accessible sur fr.espacenet.com. Cette base de données donne accès gratuitement aux textes complets de cinq millions de demandes de brevets et certificats d'utilité français, européens et demandes internationales depuis 1978 ainsi qu'aux brevets et certificats d'utilité français délivrés depuis 1989, les traductions en français des revendications (pour l'obtention de la protection provisoire) ou du brevet européen, depuis 2004[396].

On peut trouver les informations en matière de brevets dans des bases de données de brevets, gratuites et commerciales, nationales, régionales et internationales[397]. On peut aussi les trouver dans les publications scientifiques (la littérature non-brevet) dont la majorité est stockée dans des bases de données gratuites et commerciales, nationales, régionales et internationales. Ces bases de données sont accessibles sur internet[398].

---

[396] Marcus Mandel, I., Bootherstone, T. et Masson, P., *op. cit.*, p. 88.

[397] Ituku Elangi Botoy, *op. cit.*, in les travaux de renforcement de capacité tenus à Kinshasa, le 18 avril 2011.

[398] *Ibid.*

Il existe trois voies de demande de brevet, à savoir : la voie nationale, la voie régionale et la voie internationale.

En République Démocratique du Congo, les demandes de brevet se font conformément aux dispositions combinées des articles 16, 24, 25, 28, 30, 31, 33 et 34 de la loi sur la propriété industrielle. Et l'autorité compétente reste le ministère ayant la propriété industrielle dans ses attributions. Actuellement, c'est le ministère ayant l'Industrie dans ses attributions.

Il résulte que, lorsqu'on est en quête de l'information en matière de brevets, on peut recourir aux bases de données gratuites et commerciales, par le truchement d'internet.

À titre d'exemple, les moteurs de recherche PATENTSCOPE et ESP@CENET contiennent des informations gratuites, qui peuvent aider les grandes entreprises et les petites entreprises d'innover dans tous les domaines techniques, avec comme conséquence l'amélioration de leur trésorerie propre. Il s'agit des plateformes qui renferment des informations et renseignements relatifs aux brevets d'invention consultables. Cependant, plus de 200 bases de données commerciales sont listées sur le site du « Patent Information Users Group » (PIUG). Ceux que la chose intéresse peuvent consulter http://www.piug.org/vendors.php[399].

I. PATENTSCOPE

Le Patentscope est le moteur de recherche des informations en matière de brevets de l'Organisation Mondiale de la Propriété Intellectuelle (OMPI). Cette institution est basée à Genève, en Suisse. Les utilisateurs du site www.wipo.int peuvent découvrir la classification internationale de brevets d'invention, les différentes applications spécifiées dans les

[399] Gorry, P., « Esp@cenet », in Atelier de l'OMPI sur les techniques de recherche d'informations en matière de brevets, Kinshasa, le 24-26 août 2011.

revendications et les noms des inventeurs, des déposants (ou mandataires).

II. ESP@CENET

De l'anglais « Europe's network of patent databases », Esp@cenet est une base de données de brevets européens. Dans Esp@cenet, les utilisateurs peuvent trouver une base de données multinationale. À l'adresse http://www.espacenet.com/index.en.htm, tout utilisateur peut obtenir les données relatives aux brevets dont il pourra rechercher les données souhaitées. Il s'agit d'une couverture géographique de 70 millions de brevets issus de 81 pays (membres OEB et 50 autres offices régionaux ou nationaux dont Israël)[400].
Ainsi, tout utilisateur peut trouver les informations en matière de brevets dans Esp@cenet et Patentscope, selon les stratégies et techniques de recherche sous étude[401].

III. LES STRATÉGIES ET TECHNIQUES DE RECHERCHE D'INFORMATIONS EN MATIÈRE DE BREVETS

A. Recherche par mots clés

Les bases de données d'information en matière de brevets peuvent généralement être consultées à l'aide de mots clés qui décrivent la technologie ou le problème que celle-ci est censée résoudre[402]. Cette recherche de données est une stratégie qui consiste en la recherche d'informations par les mots clés, par

---

[400] *Ibid.*

[401] Nous avons présenté Patentscope et Esp@cenet parce que nous les avons étudiés.

[402] *Guide sur l'utilisation de l'information en matière de brevets*, Genève, OMPI, 2012, www.wipo.int/patentscope/fr, consulté le 16 juillet 2016.

lesquels mots on voudrait obtenir les informations brevetées souhaitées, sans s'écarter du champ de la recherche.

À titre illustratif, lorsque l'utilisateur de Patentscope ou de Esp@cenet veut obtenir des informations de brevets concernant les produits pharmaceutiques qui guérissent la malaria ou le vaccin y relatif, il va débuter sa recherche par les mots clés « malaria » ou « vaccin », etc.

Pour y parvenir, examinons les outils par lesquels on peut avoir des informations en matière de brevets.

B. Opérateurs booléens

Il s'agit de recherche d'informations par AND, ANDNOT (ou simplement NOT), OR, XOR et NEAR.

1. Recherche par AND

Produits **AND** Pharmaceutiques : documents contenant à la fois les mots « produits » et « pharmaceutiques » (3 692 documents dans Patentscope)[403]. Par cette recherche, l'innovateur veut obtenir tous les termes « Produits » et « Pharmaceutiques ». Dans le cas d'espèce, la formulation de la recherche renvoie à 3 692 documents qui peuvent intéresser les innovateurs dans les domaines des produits pharmaceutiques.

2. Recherche par ANDNOT

Produits **ANDNOT** Pharmaceutiques : documents contenant le mot « produits » mais pas le mot « pharmaceutiques » (69 524 documents dans Patentscope)[404]. Ici, l'innovateur veut obtenir les résultats seulement avec « Produits », excluant

[403] Ituku Elangi Botoy, *op. cit.*, in Les travaux de renforcement de capacité tenus à Kinshasa, le 18 avril 2011.

[404] *Ibid.*

« Pharmaceutiques ». La formulation qui lui convient ici indique qu'il y a 69 524 documents. Tout innovateur désireux d'investir dans les domaines des produits pharmaceutiques peut bien rechercher des informations y relatives.

3. Recherche par OR

Produits **OR** Pharmaceutiques : documents contenant le mot « produits » ou « pharmaceutiques » ou les deux (102 954 documents dans Patentscope)[405]. Les recherches par cette stratégie permettent de découvrir que les éléments ayant trait à « tennis » ou « balle », par exemple, n'étant pas associés. Les deux mots n'étant pas associés.
Cette recherche d'informations, on le constate, a un long champ de données brevetées, à telle enseigne que l'innovateur peut se perdre par ce qu'il souhaite obtenir comme résultat. Cependant, il y a des indicateurs ou des faisceaux d'indices pouvant aider l'innovateur à obtenir les informations brevetées pour parfaire les données brevetées.

4. Recherche par XOR

Tennis **XOR** Balle : documents contenant le mot « tennis » ou le mot « balle » mais pas les deux (99 262 documents dans Patentscope)[406]. Comme pour le cas de la recherche d'informations par OR, l'innovateur arrivera à un résultat.

5. Recherche par NEAR

Produits **NEAR** Pharmaceutiques : documents contenant à la fois le mot « produits » et le mot « pharmaceutiques » dans une chaîne contenant un certain nombre de mots (cinq mots dans

---

[405] Ituku Elangi Botoy, *op. cit.*.
[406] *Guide sur l'utilisation de l'information en matière de brevets, op. cit.*

Patentscope) ; résultat trouvé dans Patentscope : 2 573 documents[407].

C. Recherche par troncature

Les mots peuvent être tronqués, c'est-à-dire raccourcis à leur racine primaire en réduisant leur longueur à l'aide d'un opérateur appelé joker, généralement un astérisque (*), un point d'interrogation (?), le signe du dollar ($) ou le signe du pourcentage (%) sont utilisés afin d'atteindre la portée de la recherche.

Par exemple : élect*= tous les documents contenant des mots fondés sur la racine des mots « élect. », exemple : « électricité », « électrique », « électron », mais aussi « élection », « électoral », etc. qui ne sont peut-être pas pertinents pour une recherche donnée, par exemple une recherche de technologie fondée sur électricité[408].

D. Recherche par emboîtement

Il s'agit de l'utilisation de parenthèses permettant d'organiser des requêtes pour corriger une syntaxe de recherche pouvant prêter à confusion, par exemple :

- Tennis AND balle OR raquette = 2 résultats de recherche potentiels à trouver ;
- Tennis AND balle OR raquette= documents contenant les mots « tennis » et « balle » ou le mot « raquette » ;

Tennis AND (balle OR raquette) = documents contenant le mot « tennis » et le mot « raquette »[409].

---

[407] Ituku Elangi Botoy, *op. cit.* in les travaux de renforcement de capacité tenus à Kinshasa, le 18 avril 2011.

[408] Ituku Elangi Botoy, *op. cit.* Voy. aussi *Guide sur l'utilisation de l'information en matière de brevets, op. cit.*

[409] *Ibid.*

E. Recherche par technique de locution

Le chercheur d'informations est obligé, lorsqu'il veut utiliser cette technique, de procéder à l'encadrement des mots avec des guillemets (« ») pour constituer un terme de recherche unique, par exemple : « produits pharmaceutiques » sinon « produits » AND « pharmaceutiques » par défaut[410].

F. Recherche par classification internationale de brevets (CIB)

La classification internationale des brevets (CIB) est un système de classement hiérarchique utilisé aux fins du classement et de la recherche des documents de brevet. Elle constitue aussi un instrument permettant de ranger méthodiquement les documents de brevet et de diffuser l'information de façon sélective et un moyen permettant de rechercher l'état de la technique dans des domaines déterminés. La CIB comporte huit sections, divisées en 120 classes, 628 sous-classes et environ 70 000 groupes[411].

Tous les documents de brevet sont classés individuellement à l'aide d'un système normalisé qui définit le ou les groupes de technologie auxquels se rattache l'innovation décrite dans le document. Ces systèmes de classification sont indépendants de la langue et de la terminologie et sont appliqués aux documents relatifs aux brevets ainsi que d'autres documents techniques par les examinateurs des brevets professionnels. Ainsi, la recherche de documents de brevets grâce à la classification des brevets peut permettre d'éviter certains pièges liés à la recherche par mots clés[412].

Le système de classification internationale de brevets est largement utilisé. Vous trouverez de plus amples informations

---

[410] *Guide sur l'utilisation de l'information en matière de brevets, op. cit.*

[411] Verbauwhede Koglin, L. *et al.*, *op. cit.*

[412] *Guide sur l'utilisation de l'information en matière de brevets, op. cit.*

à ce sujet à l'adresse htpp://www.wipo.int/classifications/ipc/fr[413].

Le chercheur d'informations, dans le cas de cette stratégie de recherche, recourt aux données de classification internationale de brevets, qui renferme plusieurs brevets à la fois et dans tous les domaines technologiques. L'innovateur dispose ainsi d'une large marge de manœuvre, car il se trouve en face de plusieurs sources d'information en vue de parfaire les données techniques trouvées dans les brevets antérieurs.

Cet outil de recherche est organisé par niveaux hiérarchiques, du plus haut au plus bas. Il contient des sections, des classes, des sous-classes et des groupes (groupes principaux et sous-groupes). À chaque section correspondent un titre et un code lettre spécifique, comme suit[414].

A : Nécessité de la vie.
B : Techniques industrielles diverses ; Transports.
C : Chimie ; Métallurgie.
D : Textiles ; Papier.
E : Constructions fixes.
F : Mécanique ; Éclairage ; Chauffage ; Armement ; Sautage.
G : Physique.
H : Électricité.

Les classes, sous-classes, groupes et sous-groupes sont des classifications et sous-classifications dans lesquelles les dispositifs de recherche, permettant de mieux retrouver le domaine du questionnement, sont alignés. Il en résulte que le chercheur est très bien orienté en utilisant la classification internationale de brevets (CIB).

Conçue pour permettre un classement des documents de brevet uniforme à l'échelon international, la classification a pour objet premier de constituer un outil efficace de recherche

---

[413] *Ibid.*
[414] *Ibid.*

de documents de brevet, utilisable par les offices de brevets et autres utilisateurs désireux de déterminer la nouveauté et d'apprécier l'activité inventive (y compris le progrès technique et les résultats utiles) des divulgations techniques contenues dans les demandes de brevet[415].

Exemple 1 : le Code G. Une recherche effectuée dans le groupe G renvoie aux multiples brevets d'invention dans le domaine de la physique. Mais également, l'utilisateur se rendra compte que la classification est subdivisée en plusieurs parties lui permettant d'avoir un éventail assez large de recherche.

Exemple 2 : le Code H01F 1/053. La recherche réalisée par ce code renvoie à :

- Section H : Électricité.
- Classe H01 :
- Sous-classe H01F :
- Groupe principal H01F1/00 :
- Sous-groupe H01F1/053 :

Le groupe concerne donc « les aimants en matériaux inorganiques caractérisés par leur coercivité, comprenant des alliages magnétiques durs contenant en particulier des matériaux des terres rares »[416].

Exemple 3 : le Code GO1N33/483. Il s'agit de l'analyse physique de matériau biologique[417]. L'utilisateur ou le chercheur qui effectuent la recherche sur les groupes des chiffres et lettres donnés en exemple, recherchent les brevets d'invention ayant trait aux domaines de recherche précisés d'avance. Ainsi, il peut innover dans ces domaines de recherche pour des applications relatives au secteur d'activité auquel il compte exploiter l'invention.

---

415 *Guide d'utilisation sur la classification internationale des brevets, op. cit.*

416 *Ibid.*

417 *Ibid.*

G. Recherche par dates

La recherche est faite par dates. Celles-ci peuvent être de priorité, de délivrance de brevet ou de publication de brevet ou même d'octroi de brevet[418].

La date de priorité est la date de protection de brevet revendiquée par le déposant comparativement à la revendication d'un autre brevet, enregistré bien après.
Au sujet de la déclaration de priorité, le législateur congolais spécifie qu'elle doit mentionner la date de demande antérieure.

H. Recherche par numéro d'identification

Cette recherche est facilitée, car le chercheur focalise sa recherche sur le numéro d'identification d'un brevet.
Par exemple, recherche d'informations par ces numéros d'identification : PCT/FR 2001/000591 (Sanofi – **Synthelabo)** ; PCT/IT2009/000006 (Brancadoro Antonella- **Pétrole)** ; PCT/KR 2010/003212 (Lee, Young Seok – **Marteau piqueur)** ; PCT/US/2011/027015 (Produits DEKA Limited Partnership – **Turbine)** ; PCT/IB 2010/052768 (Consulplast Src – **Plaquette de frein)** ; PCT/IN 2006/000147 (Vetrivel, Prabhen, M. – **Cadran électrique)** ; PCT/CN 2010/001872 (WVX/KIPOR Power Co, LTD – **Bielle)**, etc.[419].

I. Recherche par le nom du déposant

Le chercheur n'aura qu'à indiquer le nom du déposant. Par exemple, Isaac Newton ; Jhon Dayson ; Tanaka Kikinzoku Kogyo KK ; Japan Super Conductor Technology Inc ; ST1 Biofuels Oy ; Thomas Edison, etc.

---

[418] *Ibid.*

[419] Site de l'OMPI, www.wipo.int/patentscope/fr, consulté le 12 avril 2015.

En indiquant le nom du déposant, les informations relatives au brevet protégé par ce dernier apparaîtront, ce qui permettra la continuité de la recherche, c'est-à-dire, trouver les informations relatives aux données convoitées.

Si par exemple, les recherches théoriques sur l'électricité d'Oersted, d'Ampère, de Faraday, du mathématicien Gauss ont permis de maîtriser l'utilisation de l'électro-aimant vers 1833[420], on peut noter que les recherches de Thomas Edison, l'inventeur du courant alternatif, peuvent être trouvées dans des brevets d'invention antérieurs.

Les informations y relatives constituent une source d'informations pour tout innovateur, désireux d'apporter un changement dans le secteur de l'électricité par une modification des données techniques du brevet de cet inventeur.

IV. LE RÔLE DU CENTRE D'APPUI À LA TECHNOLOGIE ET À L'INNOVATION

Comme Centre d'appui aux affaires[421], le CATI aura pour rôle en République Démocratique du Congo, la promotion des affaires par sa capacité d'en être un incubateur. Et la valorisation du brevet comme outil de développement économique peut accélérer le processus d'industrialisation du pays ; d'où l'épanouissement des acteurs économiques, souvent contraints à l'étroitesse du marché lorsqu'il n'y a pas de consommateurs, ou lorsque le marché développé n'est pas porteur de bénéfices.

François-Louis BILLON note merveilleusement que, depuis la parution de l'appel à projet du ministère de l'Éducation nationale et de la Recherche paru en mars 1999 sur la mise en

---

[420] Guyard, J., *op. cit.*, p. 64.

[421] Voy. Ituku Elangi Botoy, *op. cit.*

place d'incubateurs auprès des structures de recherche et d'enseignement en France et l'apparition récente d'une trentaine d'entre eux, la problématique d'incubateurs est devenue un thème à la mode[422].

C'est l'image du CATI[423]. Les Universités, Instituts de recherche et Écoles Supérieures sont ces incubateurs de recherche au travers desquels les innovations et les recherches créent des entreprises capables d'être porteuses d'emplois et de richesses.

Ainsi, cet auteur poursuit-il, en soutenant, que la récente "loi sur l'innovation" propose aujourd'hui des dispositions plus favorables pour la création d'entreprises par les chercheurs et il est fort probable que sa mise (en) place cumulée avec l'offre nouvelle de nombreuses structures dédiées à l'incubation draine un nombre plus important de nouvelles entreprises issues des travaux de recherche académique[424].

À l'image de ces considérations, la RDC qui se compte parmi les pays les moins avancés (PMA), peut installer le CATI comme centre d'appui aux affaires mais aussi comme un grand incubateur, capable d'être le vecteur de développement et celui de création d'emplois.

Dès lors, le rôle du CATI sera d'un apport plus que nécessaire pour l'économie de la RDC, restée extravertie, faute de production intérieure, pouvant répondre aux besoins locaux.

L'on sait que dans les pays industrialisés, une start-up ou un grand groupe peut bénéficier d'un crédit pour développer une invention à la suite des informations (connaissances) brevetées pour ses produits.

Pendant plusieurs années, la recherche scientifique pour l'utilité technique et surtout publique, est portée à bout de bras par des inventeurs.

---

[422] Billon, F.-L., « Incubateurs et propriété industrielle », *op. cit.*, p. 71.

[423] Le CATI n'a pas été installé en RDC.

[424] Billon, F.-L., *op. cit.*, p. 71.

Les dépenses de lancement des produits nouveaux et des nouveaux procédés de fabrication sont souvent plus importantes que les besoins afférents à la phase de recherche, alors que le risque commercial est difficile à évaluer et que le risque technologique n'a pas complètement disparu[425].

[425] Vogel, L., *op. cit.*, p. 481.

CHAPITRE X
LES IMPLICATIONS FISCALES DES OPÉRATIONS LIÉES AU BREVET

Les implications fiscales en matière de brevets constituent un domaine d'études fort complexe, s'il faut considérer les compénétrations qu'elles dégagent tant sur le plan de la comptabilité de la société, de sa fiscalité ainsi que de sa gestion quotidienne.

En effet, les droits de propriété industrielle sont des actifs incorporels. Et généralement, ils peuvent être donnés comme apport en société et devenir des titres négociables, de telle sorte que, sur le plan du droit fiscal, on peut en déduire et dégager le fait générateur, la base taxable et la loi applicable en résultant.

D'ailleurs, au sujet des brevets d'invention, des dessins et modèles industriels, des marques de fabrique, des enseignes commerciales, des indications géographiques – *des droits dont la preuve et l'existence sont subordonnés à un enregistrement* –, le législateur congolais a légiféré de façon superficielle. Un appel est fait pour qu'il légifère en tenant compte de l'évolution du domaine de la propriété industrielle ; d'où la nécessité d'actualiser la loi encore en vigueur.

En France sont imposables par principe les produits d'inventions qui constituent des revenus réguliers et périodiques (produits de concession de licences d'exploitation ou de marques de fabrique) ainsi que les produits provenant de la cession des marques de fabrique, à condition que ces revenus soient perçus par l'inventeur lui-même ou ses héritiers. Dans le cas contraire, ces produits sont regardés comme des bénéfices d'activités commerciales et sont rangés dans la catégorie des BIC ou imposés à l'IS (CE, 28 février 1968, req. n°68427, DF, 1969, n°20, concl. Mehl)[426].

En matière de propriété industrielle, il y a lieu de distinguer deux catégories de taxes et impôts : ceux ou celles qui sont du(e)s à la mutation du titre de propriété ou à la concession du droit d'exploitation ; ceux ou celles qui résultent de l'exploitation effective couverte par le brevet.

I. EXPLOITATION DU BREVET D'INVENTION

Lorsque l'inventeur exploite le brevet d'invention lui-même, il détient sur ce titre de propriété temporaire un droit exclusif de l'invention qui en fait l'objet.

Hormis le paiement des droits d'enregistrement[427], imposé à l'inventeur lors du dépôt, il est un assujetti de l'administration des impôts dont le régime est fixé dans les lignes qui suivent.

Le paiement de la taxe de dépôt correspond aux formalités prévues par l'ordonnance-loi n°82-001 du 7 janvier 1982 régissant la propriété industrielle.

Dans le cas de l'exploitation du brevet, l'inventeur met l'invention en œuvre par ses propres moyens, sans avoir recours à des tiers.

Cette exploitation constitue une activité dont les bénéfices seront imposés à l'impôt professionnel.

Monsieur Godefroid Masilya Lumesa[428], qui évoque le régime fiscal dans le champ de droit de propriété industrielle, soutient que « l'impôt mobilier s'applique aux montants nets des redevances qui sont des rémunérations de toute nature

[426] Beltrame. P., *L'imposition des revenus*, Nancy, Berger-Levrault, 1970, p. 126.

[427] Voy. l'article 11 de l'ordonnance n°89-173 du 7 août 1989 portant mesures d'exécution de la loi 82-001 du 7 janvier 1982 régissant la propriété industrielle.

[428] L'ouvrage de Godefroid Masilya Lumesa, intitulé *Manuel de fiscalité congolaise*, a été porté aux fonds baptismaux le 13 août 2021, en la salle de la Fédération des Entreprises du Congo, FEC en sigle, à Kinshasa.

payées pour l'usage ou la concession de l'usage… d'un brevet, d'une marque de fabrique ou de commerce, d'un dessin ou d'un modèle, ainsi que pour l'usage ou la concession de l'usage d'un équipement industriel, commercial, ou scientifique et pour des informations ayant trait à une expérience acquise dans le domaine industriel, commercial ou scientifique »[429].

L'inventeur est aussi redevable de l'impôt professionnel qui est constitué des revenus tirés d'exploitation d'un brevet ou d'une marque, si l'exploitant est une société[430].

Mais lorsqu'il décide de faire exploiter son brevet par des tiers – *par cession ou concession* –, il fait louer son droit sur le brevet d'invention. Et le droit fiscal congolais en dégage les implications.

En effet, des avantages pécuniaires qu'il retire de cette mutation ou location, le propriétaire du brevet fait une opération lucrative devant être constatée par un acte écrit, généralement sous seing privé.

Outre les droits d'enregistrement sus-évoqués, on note que sur le visa des articles 30 et 31 de l'ordonnance-loi n°69-009 du 10 février 1969[431], la contrepartie que l'inventeur gagne est soumise à l'impôt sur le bénéfice et profit.

Par ailleurs, il se trouve aussi que les gains pécuniaires qu'il retire de son opération supporteront la TVA, telle qu'organisée par loi n°10/01 du 20 août 2010 portant institution de la TVA.

La TVA s'applique aux opérations des services faites à des tiers, dont les opérations portent sur des biens meubles incorporels[432].

En droit français les cessions de brevets, les concessions de licences d'exploitation de brevets, ainsi que les cessions ou

---

[429] Masilya Lumesa, G., (dir. Mavinga Ndangi Declerc), *Manuel de fiscalité congolaise*, Bruxelles, Bruylant, 2021, p. 584.

[430] Masilya Lumesa, G., *op. cit.*, p. 584.

[431] L'ordonnance-loi n°69-009 du 10 février 1969 relative aux impôts cédulaires sur les revenus a été modifiée et complétée.

[432] Masilya Lumesa, G., *op. cit.*, p. 584.

concessions d'autres droits similaires faisant l'objet d'une protection par l'Institut national de la propriété industrielle, constituent des prestations de services soumises à la TVA[433].

Peu importe à cet égard que telles opérations soient effectuées par l'inventeur lui-même, par ses héritiers ou par des tiers qui cèdent des brevets ou concèdent des licences d'exploitation de brevets précédemment acquis de l'inventeur ou de ses héritiers[434].

Il a été jugé, à cet égard, que : « la cession à titre onéreux d'un brevet par son inventeur constitue une opération imposable, quelque soit le mode de rémunération de la cession et alors même qu'il n'en aurait retiré qu'une recette unique »[435].

On considère que les opérations portant sur les titres relèvent du champ d'application de la TVA lorsqu'elles sont effectuées dans le cadre d'une activité commerciale de négociation de titres, pour réaliser une immixtion directe ou indirecte dans la gestion des sociétés dans lesquelles s'est opérée la prise de participation ou qu'elles constituent le prolongement direct, permanent et nécessaire de l'activité taxable[436].

Mais l'achat et la vente de titres négociables, tels que des actions, des participations dans les fonds d'investissement (Sicav, FCP...), des obligations, des bons du Trésor et autres titres de créances négociables (certificats de dépôt, billets de trésorerie...), sont placés hors du champ d'application de la TVA dès lors que les entreprises qui se livrent à de telles opérations doivent être considérées comme se limitant à gérer un portefeuille d'un investissement à l'instar d'un investisseur privé[437].

---

[433] Lefebvre, F., *Fiscal 2005*, Paris, Francis Lefebvre, 2005, n°4164-4165, p. 667.

[434] *Ibid.*

[435] CE 20-10-2000 n°204129 : RJF 1/10 n°19, in Lefebvre, F., *Fiscal 2005*, *op. cit.*, n°4164-4165, p. 667.

[436] Lefebvre, F., *TVA 2014-2015*, Paris, Francis Lefebvre, 2013, pp. 629-630., cité par Kabwa Kanyampa, V., *Taxe sur la valeur ajoutée en droit fiscal congolais*, Kinshasa, Mediaspaul, 2018, p. 77.

[437] *Ibid.*

De ce qui précède, l'inventeur est astreint de payer l'impôt mobilier qui est fixé à 20 %[438], la taxe sur la valeur ajoutée au bénéfice de l'État [439] et l'impôt sur les bénéfices et profits fixés à 30 %[440]. Outre ces impôts, l'inventeur est redevable d'une taxe sur la propriété industrielle.

En effet, la taxe sur la propriété intellectuelle prévue par l'ordonnance-loi n°13/002 du 23 février 2013 fixant la nomenclature des droits, taxes et redevances du Pouvoir central, en son annexe XXX au point 09, est assise sur les activités intellectuelles ci-après :

- l'exercice de la profession de guérisseur ; - l'estampillage des supports des œuvres d'esprit ; - la duplication, la reproduction et l'interprétation des œuvres d'esprit ; - la cession des droits d'exploitation d'une œuvre littéraire ou cinématographique ; - la diffusion télé ou radio d'une œuvre artistique ou cinématographique par station privée ; - l'approbation de contrat d'édition, de représentation ou de réalisation cinématographique ; - toute activité intellectuelle nécessitant, au regard de la Législation ou la réglementation sectorielle, une inscription au registre d'appellation ou une autorisation de l'autorité compétente[441].

Il s'agit d'un impôt qui sera payé par l'inventeur (personne physique ou personne morale) en exploitation ou en cessation d'exploitation.

---

[438]Article 26 de l'ordonnance-loi n°69-009 du 10 février 1969 relative aux impôts cédulaires sur les revenus.

[439] Articles 17 et 18 du décret n°011/42 du 22 novembre 2011 portant mesures d'exécution de l'ordonnance-loi n°19/001 du 20 août 2010 portant institution de la taxe sur la valeur ajoutée.

[440] Les articles 82, 83 et 84 de l'ordonnance-loi n°69-009 du 10 février 1969 relative aux impôts cédulaires sur les revenus.

[441] Article 31 de la foi de finances n°17/014 du 24 décembre 2017 pour l'exercice 2018.

II. CONCESSION DU BREVET D'INVENTION

La concession aux fins d'exploitation est, quant à elle, soumise à la taxe sur la valeur ajoutée si la condition d'assujettissement est remplie chez l'exploitant.

La taxe sur la valeur ajoutée est un impôt indirect recueilli par un contribuable, pour le reverser au compte du trésor public[442].

In concreto, l'inventeur qui, à la suite des opérations des cessions de son brevet ou d'une exploitation d'invention par le licencié, est obligé par l'article 1er de la loi n°10/001 du 20 août 2010 portant institution de la taxe sur la valeur ajoutée, de collecter 16% de la valeur de toutes opérations effectuées, pour le reverser au compte du trésor public.

En République Démocratique du Congo, le crédit recherche et le crédit d'investissement sont exonérés de la taxe sur la valeur ajoutée.

Il sied de retenir que tout inventeur qui obtient un crédit pour développer une recherche devant conduire aux données techniques qui seront brevetées est exonéré de payer la taxe sur la valeur ajoutée pour toutes les opérations qui s'ensuivront.

En France précisément, les brevets, le savoir-faire technique, les obtentions végétales constituent « des créations nouvelles ». Il en est de même pour les dessins et modèles, qui sont des créations de formes à caractère ornemental procurant à un objet une nouvelle présentation extérieure[443].

Ainsi, les brevets, modèles industriels, marques et obtentions végétales sont imposables.

---

[442] Article 1er de la loi n°10/001 du 20 août 2010 portant institution de la taxe sur la valeur ajoutée.

[443] Pierre, J.-L., *Fiscalité de la recherche de la propriété industrielle et des logiciels*, Paris, EFE, 2011, p. 227.

Zino Weinstein note pour sa part que le brevet est généralement assimilé à un bien mobilier[444], et selon que le brevet est exploité par le propriétaire ou qu'il a été cédé, l'exploitation constitue une activité industrielle et commerciale et est toujours imposée au titre des B.I.C. (impôts sur les bénéfices commerciaux) et de la TVA[445].

En droit français, doivent notamment être compris, dans la base d'imposition : les frais de brevets ou les redevances perçues en contrepartie de l'utilisation des brevets[446].

Dès lors, les coûts supportés par une entreprise pour la création et le dépôt de dessins qu'elle utilise dans le cadre de son activité de fabrication sont déduits en tant que charge de l'exercice au cours duquel ils ont été engagés[447].

On note que le droit de propriété intellectuelle reste un levier important de récolte des recettes pour un État moderne. Les secteurs de la pharmacie, l'aéronautique, la robotique, la technologie de pointe, la pétrochimie et de la technologie peuvent créer plusieurs emplois et augmenter les revenus de l'État, par le paiement des impôts.

Dans tous ces différents domaines, le CATI peut être un point d'appui pour la gestion et l'éclosion des affaires, mais aussi une garantie pour l'obtention de crédit surtout dans la phase de recherche et celle de lancement des nouveaux produits.

Pour la RDC, le CATI, sera utile en vue d'inciter les petites et moyennes entreprises, à utiliser les vecteurs de développement que sont les informations brevetées, qui peuvent s'obtenir gratuitement.

---

[444] Weinstein, Z., *op. cit.*, p. 7.
[445] *Ibid.*, pp. 9-10.
[446] Lefebvre, F., *op. cit.*, n°4626, p. 722.
[447] Pierre, J.-L., *op. cit.*, p. 227.

D'où l'urgence d'installer le CATI en RDC, qui sera un creuset de savoirs, un incubateur de création des start-up[448] tournées vers l'innovation et dont la clé reste les activités inventives.

[448] La start-up est définie comme une jeune entreprise à fort potentiel de croissance. La start-up est une invention américaine de la fin du XXe siècle. Apparue d'abord dans la presse des États-Unis pour désigner ces petites sociétés de haute technologie nées, selon la légende, au fond d'un garage, d'une idée et d'un homme, l'expression a été utilisée dans le monde pour qualifier les petites entreprises tout juste créées mais aux capacités de développement jugées considérables. Véritable pépinière de start-up, la Silicon Valley a été considérée par beaucoup d'experts comme un modèle économique nouveau. Voy. Bezbakh, P. et Gherardi, S., *op. cit.*, pp. 609-610.

CHAPITRE XI
EXAMEN DE QUELQUES QUESTIONS OPÉRATIONNELLES RELATIVES À L'EXPLOITATION D'UN BREVET D'INVENTION PAR UNE SOCIÉTÉ COMMERCIALE

L'objectif poursuivi dans ce chapitre est de donner aux lecteurs les informations sur l'utilisation et l'exploitation du brevet d'invention comme un des éléments du droit de propriété industrielle, prévus par la loi n°82-001 du 7 janvier 1982 régissant la propriété industrielle en RDC.

Il est étudié sous forme de recueil des questions opérationnelles, tournées exclusivement vers le droit des affaires et qui permettront à tout intéressé de saisir la problématique soulevée.

Les questions abordées sont purement indicatives. Plusieurs autres questions, fort complexes d'ailleurs, sont passionnantes et peuvent faire l'objet d'études élaborées.

Les questions qui suivent ont été abordées en vue de saisir les difficultés que rencontre dans son ensemble l'exploitation d'un brevet d'invention par une société commerciale, qui a choisi d'intégrer dans ses plans d'affaires cet élément incorporel qui fait partie du droit de la propriété industrielle en RDC.

Cette présentation est aussi un appel au monde des affaires de la RDC à s'ouvrir au droit de propriété intellectuelle dans son ensemble, car ce droit constitue un atout économique et culturel important dans la vie et l'économie d'aujourd'hui[449].

Les opérateurs économiques, par ces questions choisies, pourront saisir l'utilité, par exemple, d'une indication géographique, d'une marque commerciale, d'un apport en société d'un brevet, etc.

Les solutions données ne sont pas applicables à toutes les situations qui peuvent se présenter.

I. APPORT EN SOCIÉTÉ D'UN BREVET D'INVENTION

La société commerciale est créée par deux ou plusieurs personnes qui conviennent, par contrat, d'affecter à une activité des biens en numéraire ou en nature, dans le but de partager le bénéfice ou de profiter de l'économie qui pourra en résulter.

Les associés s'engagent à contribuer aux pertes dans les conditions prévues par le présent Acte uniforme[450].

Elle doit être créée dans l'intérêt commun des associés.[451]

L'Acte uniforme sur les sociétés commerciales organise quatre formes de sociétés à savoir : les sociétés en nom collectif, les sociétés en commandite simple, les sociétés à responsabilité limitée et les sociétés anonymes[452].

Nous avons déjà rappelé comment le titulaire d'un brevet d'invention peut l'exploiter[453]. En effet, par cession de brevet,

---

[449] *Cours d'introduction à la propriété intellectuelle de l'académie de l'OMPI*, DL001, www.wipo.int, consulté le 3 août 2018.

[450] Article 4 de l'Acte uniforme du 17 avril 1997 relatif au droit des sociétés commerciales et du groupement d'intérêt économique.

[451] *Ibid.*

[452] Article 6, alinéa 2, de l'Acte uniforme du 17 avril 1997 relatif au droit des sociétés commerciales et du groupement d'intérêt économique.

[453] Voy. *supra*, pp. 95-96.

le titulaire transmet à l'acheteur le droit de la propriété incorporelle qui lui était reconnu sur l'invention brevetée[454].

A. Modalités de l'apport

La société, comme une personne physique, peut acquérir un brevet ; elle en devient alors titulaire, moyennant un prix forfaitaire ou un pourcentage[455].

Le cédant perd tout droit sur lui, et notamment ne peut exercer de contrôle ni participer aux pertes de l'entreprise[456].

La doctrine professe qu'il existe deux types d'apports :

1. Apport en propriété

La société devient propriétaire du brevet ; elle bénéficie de tous les droits du titulaire : exploitation, concession de licence, poursuite des contrefacteurs, et a les mêmes obligations et notamment celle du paiement des annuités[457].

Les droits et obligations[458] conférés au titulaire du brevet passent à la société, propriétaire désormais du brevet d'invention.

Pendant la durée de la société, l'apporteur aura les droits et obligations que lui confère sa qualité d'associé[459].

Cette conséquence est évidente car l'associé a droit au dividende à la fin de l'exercice social. En droit des sociétés, généralement, c'est au cours de l'assemblée générale ordinaire

---

[454] Boutry, Ch. *et al.*, *op. cit.*, p. 273.

[455] Phelip, B., *op. cit.*, p. 185.

[456] *Ibid.*

[457] *Ibid.*

[458] Voy. les articles 47 à 63 de la loi n°82-001 du 7 janvier 1982 régissant la propriété industrielle. La société bénéficiaire de l'apport peut interdire tout contrefacteur d'utiliser les produits issus du brevet d'invention, revendiquer les droits issus du brevet sur toute l'étendue de la RDC et payer les annuités, taxes, impôts et redevances.

[459] Phelip, B., *op. cit.*, p. 186.

annuelle[460] qu'est décrété le partage de dividendes, si et seulement si, la société a réalisé des bénéfices.

À la dissolution de la société, l'associé apporteur n'aura pas plus de droits que ses coassociés sur le brevet, qui pourra être vendu ou attribué à un autre associé de la liquidation-partage[461].

Généralement, le titulaire du brevet fait les apports en nature et ces derniers sont réalisés par le transfert des droits réels ou personnels correspondant aux biens apportés et par la mise à la disposition effective de la société des biens sur lesquels portent ces droits. Les apports en nature sont libérés intégralement lors de la constitution de la société[462].

2. Apport en jouissance

Il faut prendre en compte le fait que lorsqu'il est constitué une société en vue de l'exploitation d'un brevet apporté par l'un des fondateurs, un choix est à faire entre les différentes formes possibles de sociétés[463].

On doit distinguer selon qu'on est en Société à responsabilité limitée (SARL) ou en Société anonyme (SA) pour l'application des règles appropriées à l'apport en nature.

Pour une SARL, l'évaluation des apports en nature est faite en suivant les règles posées par l'article 312[464].

---

[460] Voy. les articles 347 et 348 de l'Acte uniforme sur le droit des Sociétés commerciales et du Groupement d'intérêt économique, en ce qui est d'une Société à responsabilité limitée (SARL) et 546 du même Acte uniforme pour ce qui est d'une Société anonyme (SA).

[461] Phelip, B., *op. cit.*, p. 186.

[462] Voy. l'article 45 de l'Acte uniforme du 17 avril 1997 relatif au droit des sociétés commerciales et du groupement d'intérêt économique.

[463] Phelip, B., *op. cit.*, p. 186.

[464] Article 312 de l'Acte uniforme du 17 avril 1997 relatif au droit des sociétés commerciales et du groupement d'intérêt économique.

Pour une SA, il faut distinguer selon que la constitution de la société est faite sans apport en nature[465] ou avec apport en nature et/ou stipulation d'avantages particuliers[466], mais avec l'évaluation du commissaire aux apports[467].

Sur le visa de toutes les dispositions légales citées ci-dessus, il nous paraît très clairement indiqué que le brevet peut faire l'objet d'un apport en nature en société.
Plusieurs exemples peuvent être donnés en ce qui est de l'exploitation d'un brevet par une société commerciale.

C'est le cas de Nutriset, une société qui est le bras armé de la guerre contre la malnutrition[468], de Cardiopad[469] qui peut prendre en charge un malade éloigné d'une formation

---

[465] Voy. les articles 390 à 398 de l'Acte uniforme du 17 avril 1997 relatif au droit des sociétés commerciales et du groupement d'intérêt économique.

[466] Article 399 de l'Acte uniforme du 17 avril 1997 relatif au droit des sociétés commerciales et du groupement d'intérêt économique.

[467] Articles 400 et 401 de l'Acte uniforme du 17 avril 1997 relatif au droit des sociétés commerciales et du groupement d'intérêt économique.

[468] La Société est leader mondial des aliments prêts à l'emploi destinés au traitement et à la prévention de la malnutrition aiguë. L'entreprise de plus de 150 salariés, créée en 1986, a ainsi contribué à sauver plus de 25 millions d'enfants dans le monde. Elle affiche un chiffre d'affaires de 110 millions d'euros (2014). Son produit phare, Plumpy'Nut, a révolutionné le traitement de la malnutrition aiguë sévère. Mais il a aussi au départ fait l'objet de critiques pour être protégé par un brevet. Aujourd'hui, la stratégie de propriété intellectuelle de l'entreprise – que nous a détaillée Thomas Couaillet, directeur général adjoint en charge de ces questions – fait pourtant office de modèle. Trophée INPI en 2012, Nutriset a aussi reçu cette année le « Patents Awards for Humanity » de l'Office américain des brevets, qui récompense les innovations dont l'impact humanitaire est avéré et a été nominée pour le prix de l'inventeur européen ; www.inpi.fr, consulté le 17 août 2018.

[469] Le Cardiopad est une réussite basée sur le brevet d'invention. En effet, M. Arthur Zang en est l'inventeur. Le Cardiopad vise à faciliter l'accès à de précieuses ressources médicales en permettant aux cardiologues d'examiner des patients à distance. Il se compose d'une tablette spécialement conçue pour cet usage, équipée d'une interface tactile conviviale et d'un logiciel perfectionné. Avec le Cardiopad, un médecin et même une infirmière peuvent réaliser un examen du cœur, par exemple un électrocardiogramme (ECG), sur un patient, depuis leur clinique. Voy. Utilisation de la propriété intellectuelle au service du développement, pp. 4-5, www.wipo.int, consulté le 24 août 2018.

médicale, de CIPLA[470] qui veut accorder les soins de qualité à toutes les bourses.
Les droits de propriété intellectuelle sont souvent considérés comme des actifs immatériels. Ils englobent les marques de l'entreprise, son portefeuille de brevets, ses stratégies de recherche-développement et ses accords de licence[471].

L'importance de ces actifs immatériels est visible à l'examen de n'importe lequel des géants de l'industrie. Un rapide coup d'œil à des sociétés comme Philips, Sony, Samsung, Pfizer, Proctor & Gamble, Xerox, IBM, Ford, The Home Depot, révèle qu'une large part de la richesse de ces sociétés provient de leurs actifs immatériels, notamment de leurs marques, brevets et savoir-faire[472].

L'on ne peut se rendre compte de l'utilité d'exploitation d'un brevet d'invention ou des actifs immatériels, par une société commerciale, qui intègre ce volet de chose dans son plan de gestion, que lorsque plusieurs conditions structurelles seront réunies.

---

[470] CIPLA est un excellent exemple de l'exploitation d'un brevet d'invention. Elle est une société basée en Inde, qui fabrique des médicaments et des équipements médicaux et qui est en train d'acquérir une présence importante sur la scène internationale. L'objectif déclaré de CIPLA est de « garantir qu'aucun patient ne se voie refuser l'accès à une aide et à des médicaments de qualité et abordables », et pour atteindre cet objectif, la société exploite pleinement le potentiel du système des brevets. Voy. Utilisation de la propriété intellectuelle au service du développement, p. 7, www.wipo.int., consulté le 24 août 2018.

[471] Cockburn, I., *Comment mesurer la valeur d'un brevet : quelques idées à ne pas perdre de vue*, www.wipo.int, http://www.piperpat.com/, consulté le 24 août 2018.

[472] Cockburn, I., *op. cit.*

Il est vrai que, pour la RDC, le chemin à parcourir est très long mais pas impossible. Il sera aussi parsemé de lourdes pesanteurs politiques[473].

L'exemple le plus vivant est l'exploitation de tout le potentiel énergétique et minier de la RDC, en mettant en relief les actifs immatériels.

En fait, une enquête effectuée en 2002 auprès des sociétés classées parmi les « Fortune 500 » a permis d'estimer qu'entre 45% et 75% de la richesse de ces sociétés proviennent de leurs droits de propriété intellectuelle[474].

II. À QUI APPARTIENT LE BREVET D'INVENTION D'UN SALARIÉ ?

Hormis les cas de secret de fabrication et d'affaires[475], au bénéfice de l'employeur, le droit congolais n'a pas donné de solution au sujet de l'invention de salariés, qui peut pourtant être source de conflits.

De même, le faisceau d'indices dégagés par l'article 47 de la loi n°82-001 du 7 janvier 1982 régissant la propriété industrielle, au sujet d'invention commune de deux personnes ou plus, nous semble être très réducteur et faible pour permettre une protection juridique solide au couple employeur-travailleur, qui pourrait mettre en œuvre une invention.

Il en résulte que les principes dégagés par l'article 47 précité ne peuvent donner des réponses appropriées à la question d'invention de salariés, qui rappelons-le, a fait l'objet d'une construction jurisprudentielle en France.

---

[473] Le politique est appelé à prendre des décisions courageuses dans tous les secteurs qui peuvent servir des supports à l'exploitation du numérique et des actifs immatériels dans tout l'ensemble de l'économie congolaise.

[474] Cockburn, I., *op. cit.*

[475] Voy. l'article 52, alinéa 3, du Code du travail.

En effet, on peut noter que l'invention personnelle, effectuée en dehors de la prestation de travail, était la propriété exclusive du salarié[476].

L'invention de service, réalisée en exécution du contrat de travail, était la propriété de l'employeur. L'invention mixte, dont le salarié avait eu l'idée, mais dont la réalisation n'avait été possible que grâce à l'aide de l'entreprise, était souvent soumise à un régime de copropriété, alors très imparfait[477].

Les principes dégagés par la jurisprudence en France ont fini par avoir l'écho du législateur qui a fixé les principes de solution au sein des articles L.611-7 et 615-21.

En tout état de cause, le salarié a une obligation de déclaration de l'invention à l'employeur, il ne peut donc pas espérer la garder secrète et l'exploiter seul. Cette déclaration dans laquelle le salarié propose un classement de l'invention doit être effectuée pour toutes les catégories d'invention. Le silence de l'employeur pendant deux mois vaut acceptation du classement[478].

Quatre cas peuvent se présenter. En effet, il peut s'agir des inventions de mission[479], hors mission, attribuables à l'employeur[480], réalisées par des inventeurs de la recherche publique[481] et hors mission non attribuables à l'employeur[482]. Sous ces brèves considérations, il nous paraît indiqué de recommander, *de lege ferenda*, que soit inclus dans la nouvelle loi sur la propriété intellectuelle qui sera votée au Parlement de la RDC (qui prend en compte les droits d'auteurs et le droit

---

[476] Vogel, L., *op. cit.*, n°649, p. 491.

[477] *Ibid.*

[478] Stérin, V. et Druez, M.-C., *op. cit.*, n°158, p. 78.

[479] L'inventeur indépendant passe aux équipes de chercheurs rémunérés ; voy. Vogel, L., *op. cit.*, n°649, p. 491.

[480] Voy. *Code de propriété intellectuelle*, article R.611-7.

[481] *Ibid.*, article R.611-1 à 14-1.

[482] Le salarié réalise ses inventions en dehors des heures de service et en toute indépendance ; voy. Stérin, V. et Druez, M.-C., *op. cit.*, p. 78.

de propriété industrielle), les principes de solution en cas d'invention de salariés.

III. APPORT OU IMPACT DU DÉPARTEMENT RECHERCHE- DÉVELOPPEMENT (R&D) CRÉÉ AU SEIN D'UNE ENTREPRISE

L'apport ou l'impact du département recherche et développement, au sein d'une société, reste très capital. Il n'est plus à démontrer que l'innovation peut part d'un brevet d'invention tombé dans le domaine public, après une durée maximum de vingt ans.

Mais l'innovation portée par le plan de trésorerie d'une entreprise ou par un crédit recherche ne peut se passer de l'apport de l'inventeur. Ce précieux mariage est assuré par le service recherche-développement de l'entreprise où l'inventeur devient salarié pour assurer des recherches dans le but d'innover.

Ian Cockburn illustre ce fait en soulignant, par exemple, que les brevets révolutionnaires, qui explorent des domaines entièrement nouveaux de la technologie, ou qui sont les premiers à apporter une réponse à des problèmes de longue date, sont les plus précieux[483].

Comme exemples de ces brevets, on peut citer la lampe à incandescence de Thomas Edison, le moteur d'automobile Benz, la réaction en chaîne de polymérase de Cohen, le premier photocopieur ou, éventuellement, une invention future, par exemple, un remède définitif contre le sida[484].

En pareils cas, les brevets sont tellement nouveaux qu'ils assurent à leur propriétaire un total monopole industriel, et leur valeur peut atteindre des milliards de dollars. Bien que la plupart des brevets n'atteignent jamais de tels sommets, ils

---

[483] Cockburn, I., *op. cit.*

[484] *Ibid.*

n'en sont pas moins précieux en ce sens qu'ils peuvent forcer un concurrent à chercher à innover pour ne pas se laisser distancer par les technologies et les produits nouveaux ou améliorés arrivant sur le marché ou, à défaut, à solliciter une licence auprès du détenteur du brevet, à condition que celui-ci consente à la lui accorder[485].

Ce rôle assez révolutionnaire et de première loge revient au département recherche-développement d'une société commerciale ; d'où l'intérêt capital d'intégrer ce département au sein de l'organigramme des sociétés innovantes et de celles qui veulent connaître un envol dans les domaines variés de l'intelligence économique et du numérique.

Nous recommandons vivement aux sociétés commerciales d'exploiter ce tuyau de prospérité, pourtant inexploré en RDC en particulier et en Afrique[486] en général.

L'exemple de la ville chinoise de Shenzhen qui, il y a 40 ans, n'était qu'un simple village des pêcheurs est instructif : aujourd'hui, elle est le berceau de l'innovation[487] et de grandes sociétés multinationales s'y côtoient[488].

IV. ÉVALUATION D'UN BREVET D'INVENTION

L'évaluation d'un brevet d'invention n'est pas aisée au regard du risque associé que peut comporter par exemple, le lancement d'un produit à la fin du processus d'innovation et de tout l'ensemble qui est apparenté à son acceptation par les consommateurs et à sa commercialisation à grande échelle en

---

[485] *Ibid.*

[486] En Afrique, le Kenya est aujourd'hui considéré comme la Silicon Valley du numérique et de l'innovation, suivi du Rwanda et de l'Éthiopie.

[487] Voy. l'émission « Billet retour à Shenzhen » du 22 septembre 2018, www.france24.fr, consulté le 22 septembre 2018.

[488] UBITECH est installée à Shenzhen, où elle est la première société qui fabrique et exploite les robots humanoïdes. Dans cette ville chinoise, on trouve aussi le géant Lenovo et Huawei qui a déposé 4 024 brevets d'invention en 2017. Voy. l'émission « Billet retour à Shenzhen », citée *supra*.

vue d'assurer, au final, les résultats attendus par les dirigeants sociaux de l'entreprise.

Il arrive souvent dans la vie d'un brevet que son propriétaire en demande la valeur. Cette question est posée pour les raisons les plus diverses, par un inventeur cherchant à mobiliser des capitaux pour que son invention sorte de son atelier pour s'imposer sur le marché, par un inventeur cherchant à mettre un prix sur son invention, par ceux qui veulent prendre une licence sur cette invention, ou inversement par ceux qui n'arrivent pas à percer sur le marché et qui se rendent compte que, pour rester compétitifs, la meilleure solution est de chercher à accorder des licences pour l'utilisation de leur technologie nouvelle ou améliorée[489].

Il n'est pas sans importance de rappeler qu'une évaluation de brevet infructueuse emportera d'énormes risques liés à la gouvernance d'une entreprise, d'où un nivellement vers le bas d'un projet de recherche bancable.

La pratique du droit des affaires commande, pour un cas comme celui-ci, une appréciation saine de l'ensemble du plan d'affaires proposé aux associés pour entamer les études.

Ainsi une évaluation correcte et efficiente est dévolue à un cabinet de conseil en propriété intellectuelle qui peut établir une étude de faisabilité au sujet d'un brevet d'invention qui est la base d'une innovation, ce qui permettra le lancement futur des produits issus de l'innovation.

Tous ces atouts et attirails restent l'apanage d'un cabinet d'audit ou de conseils en propriété intellectuelle, chargé de conseiller l'entreprise engagée dans le processus de production, qui s'appuie sur l'innovation.

Il résulte qu'un projet de recherche comporte presque toujours plusieurs phases : recherche en amont, tests en laboratoire, tests en grandeur réelle, réalisation de prototypes,

[489] Cockburn, I., *op. cit.*

production industrielle. Ces différentes phases présentent le plus souvent les caractéristiques suivantes :

- elles constituent des investissements de plus en plus importants ;
- leur mise en œuvre est conditionnée par la réussite des phases qui la précèdent[490].

Ces repères constituent le point de départ d'une évaluation efficiente d'un projet de recherche qui s'appuie sur un brevet d'invention, qui peut faire l'objet d'un apport en société.

Plusieurs options se présentent aux dirigeants de la société. Intervient d'abord la méthodologie générale de mise en œuvre des options réelles, ensuite un exemple d'application et une méthode alternative de résolution de cet exemple[491].

Ces étapes sont prises en compte et étudiées minutieusement par le cabinet de conseil de propriété intellectuelle dont les résultats ou les prospections sont ensuite étudiés par le cabinet d'audit, par des recoupements et études de terrain ou de faisabilité.

Sous le prisme de ces considérations, et au-delà du fait que les anticipations et calculs des cabinets d'audit et ceux en matière de propriété industrielle paraissent assez complexes, les options que nous levons consistent à demander aux intéressés de consulter les experts pour une bonne évaluation de leur brevet d'invention.

---

[490] Raimbourg, P. et Boizard, M., *op. cit.*, pp. 26-27.
[491] *Ibid.*

V. LE CONTENTIEUX EN MATIÈRE DE BREVET D'INVENTION

Le contentieux en matière de brevet d'invention a déjà fait l'objet d'études abondantes[492] et peut à lui seul constituer plusieurs points d'études dont les considérations juridiques peuvent être divergentes ou convergentes.

Pour des raisons pratiques, nous évoquons le contentieux dans sa phase juridictionnelle, où les parties concernées requièrent du juge compétent de pouvoir soit annuler un brevet obtenu frauduleusement, soit dire à qui appartient un brevet en définitive lorsque les parties se le disputent.

Nous consacrerons également quelques lignes sur les questions d'arbitrage en matière de brevet.

A. Du contentieux devant le juge

En RDC, le brevet d'invention au profit d'un inventeur n'est délivré que par les services de l'État qui restent compétents dans la phase administrative.

Mais si l'inventeur ne trouve pas satisfaction au sujet de sa requête relative à la demande d'un brevet, il naît naturellement un contentieux qui est en l'espèce examiné dans un premier temps par l'Administration. En principe, les agents tenus de déférer aux ordres de leur hiérarchie ont obligation de donner normalement suite à la requête de l'inventeur.

---

[492] Voy. par exemple Ndi Essissima, *Le contentieux de la propriété intellectuelle au sein de l'Organisation mondiale du commerce* [en ligne], Master en relations internationales, option contentieux international, Institut des Relations internationales du Cameroun, 2002 ; Bouche, N., *Le principe de territorialité de la propriété intellectuelle*, Paris, Sirey, 1952 ; Christophe, C, « Brevets d'invention : le droit des brevets d'invention est (presque) entièrement arbitrable », *La Semaine juridique, Entreprise et affaires*, n°19, 18, 8 mai 2008 ; Véron, P., *Le contentieux de la propriété intellectuelle en Europe : état des lieux, stratégie et perspectives*, Paris, L'Harmattan, 2010, etc.

Après l'examen du dossier, le département ayant la propriété industrielle dans ses attributions statue sur la recevabilité ou le rejet de la demande. En cas de rejet, notification en est faite au déposant. Toutefois, si une demande n'est pas conforme aux conditions et modalités de forme, telles que définies par la loi et ses mesures d'exécution, le département ayant la propriété industrielle dans ses attributions peut inviter le déposant à régulariser ladite demande dans les six mois, à compter de la notification de cette invitation.

En tout état de cause, dès qu'il est établi qu'une demande de brevet a déjà fait l'objet d'un dépôt dans un pays étranger et sur lequel il n'a pas encore été statué, le département compétent sursoit à l'octroi du titre[493].

L'octroi des brevets ou des certificats d'encouragement se fait sans examen préalable sur le fond, aux risques et périls du demandeur et sans garantie quant à la réalité, à la nouveauté ou aux mérites, selon le cas, et quant à l'exactitude de la description, sans préjudice des droits des tiers[494].

Lorsque le brevet d'invention est effectivement délivré, tout tiers qui élève une contestation ne peut plus soumettre la question à l'administration. Ce contentieux est de la compétence du seul juge, qui doit au regard des éléments du dossier de chaque partie déterminer la paternité du brevet d'invention[495]. Il en est de même en cas de contrefaçon, l'administration ne peut pas du tout trancher. La question étant de la compétence du seul juge qui doit être requis pour dire le droit.

---

[493] Article 30 de la loi n°82-001 du 7 janvier 1982 régissant la propriété industrielle.

[494] Article 31, alinéa 1er, de la loi n°82-001 du 7 janvier 1982 régissant la propriété industrielle.

[495] Le faisceau d'indices auquel le juge pourra se référer est l'enregistrement en raison de priorité (date) prévue à l'article 7 de la loi n°82-001 du 7 janvier 1982 régissant la propriété industrielle.

B. Contentieux devant le tribunal arbitral

L'arbitrage est devenu le mode de droit commun, ou encore usuel, ordinaire et habituel, de résolution des litiges du commerce[496].

On peut se rendre compte que si de nombreux États ont aujourd'hui adopté des législations spécifiques régissant l'arbitrage, aucune d'entre elles ne s'aventure à en donner une définition[497].

Mais on peut le définir comme Motulsky[498] l'a fait, en ces termes : « le jugement d'une contestation par des particuliers choisis, en principe, par d'autres particuliers au moyen d'une convention ».

D'autres auteurs ont abondé dans le même sens ou presque. Pour Monsieur Jarrosson, l'arbitrage est « l'institution par laquelle un tiers règle le différend qui oppose deux ou plusieurs parties, en exerçant la mission juridictionnelle qui lui a été confiée par celles-ci »[499].

Messieurs Poudret et Besson préfèrent ajouter à cette définition que le tiers agit à titre privé, et non dans l'exercice d'une fonction publique, et parlent d'un « mode conventionnel de règlement des litiges par des particuliers choisis directement ou indirectement par les parties »[500].

L'idée-force qui résulte de toutes ces définitions évoquées par la doctrine, est que l'arbitrage est une justice volontaire assurée par un privé[501].

---

[496]Amboulou, H.D., *Le droit de l'arbitrage et des institutions de médiation dans l'espace OHADA*, Paris, L'Harmattan, 2015, p. 11.

[497] *Ibid.*

[498] Motulsky, H., *Étude et notes sur l'arbitrage, Écrits*, t. 2, Paris, Dalloz, 1974, p. 5, cité par Amboulou, H.D., *op. cit.*, p. 11.

[499] Voy. Amboulou, H.D., *op. cit.*, p. 11.

[500] Poudret, J.-F. et Besson, S., *Droit comparé de l'arbitrage international*, n°3, p. 3, cité par Amboulou, H.D., *op. cit.*, p. 11.

[501] L'arbitrage reste à l'opposé de la justice organisée par l'État, où les cours et tribunaux sont créés par la loi. En RDC, voy. la loi organique n°13/011-B du 11 avril

Dans le cas sous examen, il nous paraît important d'examiner le cas du centre d'arbitrage et de médiation de l'OMPI. Les autres centres d'arbitrage[502], qui tranchent sur les contestations ayant trait au droit de propriété intellectuelle, ne sont pas à négliger. Il s'avère que le choix, dans le cas de cette étude, est purement arbitraire et pédagogique.

De manière fondamentale, les règles de fonctionnement de ce mode de règlement de différends considèrent que l'arbitrage est une procédure dans le cadre de laquelle le litige est soumis, par convention entre les parties, à un ou plusieurs arbitres qui rendent une décision contraignante[503].

En décidant de recourir à l'arbitrage, les parties optent pour une procédure de règlement des litiges privée en lieu et place d'une procédure judiciaire[504].

Ainsi, la volonté des parties est le fondement du recours à l'arbitrage. Nul ne peut être contraint à recourir à l'arbitrage ; c'est la raison pour laquelle le règlement arbitral des litiges trouve son fondement sur un instrument conventionnel : la convention d'arbitrage. Le consentement exprimé par les deux parties de soumettre leur différend à un tribunal arbitral peut être fait soit pour des litiges à naître (clause compromissoire), soit pour des litiges déjà nés (compromis d'arbitrage)[505].

2013 portant organisation, fonctionnement et compétences des juridictions de l'ordre judiciaire, la loi n°002-2001 du 3 juillet 2001 portant création, organisation et fonctionnement des tribunaux de commerce, la loi organique n°16/027 du 15 octobre 2016 portant organisation, compétence et fonctionnement des juridictions de l'ordre administratif et la loi organique n°13/010 du 19 février 2013 relative à la procédure devant la Cour de cassation.

[502] Nous pensons par exemple à la Chambre de commerce internationale de Paris (CCI), qui est une organisation mondiale de règlement des différends commerciaux, au Centre international pour le règlement des différends relatifs aux investissements (CIRDI), qui a été créé par la Convention de Washington du 18 mars 1965 ; voy. https://fr.m.wikipedia.org, consulté le 24 septembre 2018 et le Tribunal Fédéral Suisse ou Swiss Chambers Arbitration Institution (SCAI) ; voy. www.swissarbitration.org, consulté le 24 septembre 2018.

[503] Ndi Essissima, *op. cit.*, 2002, p. 59.

[504] *Ibid.*

[505] *Ibid.*

L'exemple présenté ci-dessous - que nous soumettons aux lecteurs - est indicatif. Il démontre combien les questions de droit de propriété industrielle peuvent être résolues par un tribunal arbitral.

Une société de conseil européenne, titulaire de brevets dans plusieurs pays de trois continents divulgue, dans le cadre d'un contrat de conseil, une invention brevetée à un fabricant asiatique.

Le contrat ne prévoit ni transfert ni concession de droits sous licence au fabricant. Lorsque le fabricant commence à vendre des produits dans lesquels, selon les allégations de la société de conseil, était incorporée l'invention brevetée, la société de conseil menace de porter plainte pour atteinte aux brevets dans tous les pays dans lesquels elle est titulaire des brevets en question[506].

Avec l'aide d'experts extérieurs, les parties commencent à négocier la concession d'une licence de brevet mais ne parviennent pas à s'entendre sur le montant de la redevance, les millions de dollars en dommages-intérêts réclamés par la société de conseil dépassant de loin la somme offerte par le fabricant[507].

La mise en jeu du contentieux arbitral n'est concevable que lorsque les parties, à la faveur d'un contrat les liant, auront fait insertion d'une clause compromissoire à l'effet de soumettre le litige au juge arbitral.

En droit, cette clause est appelée clause compromissoire[508].

Les parties liées par un contrat doivent insérer une clause selon laquelle lorsqu'un litige naît entre elles, le différend sera porté et réglé par arbitrage.

---

[506] Voy. www.wipo.int, consulté le 22 septembre 2018.

[507] *Ibid.*

[508] Orban, P., *Droit civil du Congo Belge. T. II Contrats et obligations*, Bruxelles, Larcier, 1956, n°492 et s. et n°505, pp. 250-257.

En effet, le cas sous examen est la nette photographie de tous les scénarios auxquels les parties sont tenues de se conformer.

Les parties décident alors de soumettre leur litige à la médiation selon le Règlement de médiation de l'OMPI. Le Centre d'arbitrage et de médiation de l'OMPI propose aux parties les services de médiateurs ayant des compétences spécifiques dans le domaine des brevets ainsi que les connaissances techniques requises dans le domaine concerné. Les parties choisissent un de ces médiateurs.

Ce dernier organise, sur deux jours, une réunion à l'issue de laquelle elles parviennent à un accord permettant non seulement de régler la question de la redevance, mais également de s'entendre sur de futurs contrats de conseil[509].

Cette médiation a joué un rôle décisif en permettant de régler une situation conflictuelle qui mettait aux prises deux parties prêtes à s'engager dans une procédure longue et probablement coûteuse [510] par le compromis qui est la « loi de l'arbitrage »[511].

Elle a débouché sur un accord qui répondait aux intérêts commerciaux des deux parties en présence et assurait une utilisation rentable de la technologie concernée au service de ces intérêts[512].

Cet exemple illustre tout le bénéfice qu'il y a à retirer d'un règlement extrajudiciaire des litiges relatifs à des droits ou titres de propriété intellectuelle.

Cependant, il n'est pas sans importance de signaler que le coût de l'arbitrage n'est pas à la portée de toutes les entreprises.

Les droits de propriété intellectuelle ne valent que les moyens dont dispose leur titulaire pour les faire respecter, et les

---

[509] Site www.wipo.int., consulté le 22 septembre 2018.

[510] *Ibid.*

[511] Ndi Essissima, *op. cit.*, 2002, p. 59.

[512] Site de www.wipo.int., consulté le 22 septembre 2018.

sociétés ont de plus en plus recours à la médiation et à l'arbitrage pour régler les litiges de ce type[513].

En effet, les litiges portant sur les droits de propriété intellectuelle présentent un certain nombre de caractéristiques qui font que la médiation et l'arbitrage sont des procédures parfois plus à même de les résoudre de manière satisfaisante que le recours aux tribunaux des divers systèmes judiciaires nationaux[514].

Cela est particulièrement vrai des PME, qui ont un intérêt particulier à faire respecter leurs droits de propriété intellectuelle et à limiter le temps et les sommes d'argent qu'elles consacrent à d'éventuels litiges relatifs à ce type de droits[515].

La décision du tribunal arbitral est appelée sentence arbitrale[516].

Cette question opérationnelle démontre la difficulté mais aussi la technicité du cas.
En définitive, c'est donc devant la juridiction arbitrale que les parties vont faire valoir leur demande.

VI. LA RÉPRESSION DE LA CONCURRENCE DÉLOYALE EN MATIÈRE DE BREVET

En partant de la considération que la concurrence déloyale constitue un délit, il est bien possible qu'une société commerciale puisse saisir la juridiction compétente par voie de citation directe (ou une plainte déposée au parquet), pour obtenir la condamnation de son concurrent à une peine d'amende et à des dommages-intérêts.

---

513 *Ibid.*
514 *Ibid.*
515 Site de www.wipo.int., consulté le 22 septembre 2018.
516 Ndi Essissima, *op. cit.*, 2002, p. 59.

La société commerciale, victime de la concurrence déloyale, peut bien solliciter sur la base de la loi n°18/020 du 9 juillet 2018 relative à la liberté des prix et à la concurrence, la condamnation de l'auteur de cette infraction.

La concurrence déloyale est entendue comme recours aux procédés contraires à la loi et aux usages de commerce de nature à causer un préjudice ou simplement un trouble commercial aux concurrents[517].

En effet, l'ancienne ordonnance législative n°41/63 du 24 février 1950 relative à la répression de la concurrence déloyale était fort laconique et très dépassée. Le législateur congolais a répondu à cette lacune en dotant la RDC d'une nouvelle loi.

De cette loi, il a résulté que l'ordonnance du 24 février 1950 sur la concurrence déloyale a été abrogée dans toutes ses dispositions par l'article 86 de la loi congolaise sur la liberté des prix et à la concurrence, complétant l'ordonnance-loi n°83-026 du 12 septembre 1983 sur la réglementation de la Commission de la concurrence.

Le législateur a donné en détail les actes qualifiés de concurrence déloyale. Il s'agit du dénigrement, de la désorganisation de l'entreprise rivale par les procédés commerciaux illégitimes, de l'utilisation illégitime de la réputation d'autrui, de la vente avec prime et de la vente avec boule de neige[518].

En matière répressive, la compétence est déterminée de la manière suivante :

- Territorialement : c'est soit le juge de commission de l'infraction, soit celui du lieu de résidence du prévenu,

---

[517] Article 5, point 3, de la loi n°18/020 du 9 juillet 2018 relative à la liberté des prix et à la concurrence.

[518] Articles 41 à 47 de la loi n°18/020 du 9 juillet 2018 relative à la liberté des prix et à la concurrence.

soit celui du lieu où le prévenu a été trouvé, qui sont compétents[519] ;

– Matériellement : contrairement à l'ordonnance législative n°41/63 du 24 février 1950 qui donnait compétence en la matière au tribunal de première instance, la compétence de connaître des infractions à la législation économique et commerciale, quel que soit le taux de la peine, est attribuée au tribunal de commerce[520] ; là où les tribunaux de commerce ne sont pas encore installés, le législateur confère la compétence transitoire au tribunal de grande instance[521].

La mise en mouvement de l'action publique peut être faite par citation directe ou par plainte qui pourra aboutir à la saisine du juge répressif par la requête aux fins de fixation de l'officier du ministère public[522].

VII. LA CONTREFAÇON EN MATIÈRE DE BREVET

En matière de contrefaçon, le principe est qu'il faut qu'il y ait risque de confusion avec le vrai.

Ainsi, l'appréciation de la contrefaçon se fait selon les ressemblances et non selon les différences. Il s'agit donc de la reproduction des caractéristiques essentielles de l'inventeur[523].

---

[519] Voy. l'article 104 de la loi organique n°13/011-B du 11 avril 2013 portant organisation, fonctionnement et compétences des juridictions de l'ordre judiciaire.

[520] Voy. l'article 17, alinéa 2, de la loi 002-2001 du 3 juillet 2001 portant organisation et fonctionnement des tribunaux de commerce.

[521] Article 44 de la loi n°002-2001 du 3 juillet 2001 portant organisation et fonctionnement des tribunaux de commerce.

[522] Article 67 de la loi organique n°13/011-B du 11 avril 2013 portant organisation, fonctionnement et compétences des juridictions de l'ordre judiciaire.

[523] Marcus Mandel, I., Bootherstone, T. et Masson, P., *op. cit.*, p. 220.

Il y a contrefaçon même si l'on peut constater une différence de structure entre les deux objets incriminés, lorsqu'il y a reproduction des moyens essentiels de l'invention. Le perfectionnement d'un brevet peut en constituer une contrefaçon s'il n'y a pas de nouveauté ou d'action inventive[524].

D'emblée, celui qui déterminera foncièrement que la production mise en cause est la substance du brevet du premier inventeur est bien le juge.

C'est la raison pour laquelle il faut montrer au juge de quoi l'on parle, autrement dit lui apporter le vrai et le faux[525].

Le juge déterminera en définitive, entre le demandeur en contrefaçon – *l'inventeur dont le brevet est copié par le contrefacteur ou qui a fait l'objet d'un perfectionnement pour lequel il n'y a pas de nouveauté* – et le défendeur, qui est le titulaire du vrai brevet d'invention.

VIII. L'IMPACT D'UNE INSTITUTION D'ENREGISTREMENT DE BREVETS ET SON RÔLE DANS LA RECHERCHE DE LA STRATÉGIE COMMERCIALE D'UNE SOCIÉTÉ

Tout brevet d'invention – *d'une société, d'un groupe ou d'une personne physique* – est enregistré suivant l'ordre de demande de dépôt par un institut ou un organisme créé par l'État ou créé sur le plan régional ou international.

La structure d'enregistrement de brevets constitue tant une référence qu'une base de données, permettant à tout intéressé désirant obtenir une information sur les brevets publiés d'acquérir les faisceaux d'indices sur les tendances du marché, sur les licences déjà concédées ; ce qui sous-entend une évaluation marchande, *a priori*, de l'investisseur.

---

[524] *Ibid.*

[525] *Ibid.*

La société commerciale qui s'intéresse au secteur d'exploitation d'un brevet d'invention peut connaître la santé économique et financière du détenteur d'un ou des brevets d'invention, en se rapportant aux repères indiqués dans les registres ou moteurs de recherche de la structure nationale ou internationale d'enregistrement de brevets.

Recours est fait, généralement, en vue de cerner la stratégie commerciale ou technologique d'une société sur un marché donné, aux bases de données nationales et étrangères de propriété industrielle où les éventuelles marques ou brevets que celle-ci a pu déposer, ainsi que les licences qu'elle aura fait enregistrer[526].

La consultation des registres ou du moteur de recherches de l'organisme d'enregistrement de brevets est le point de départ, qui est complété par d'autres démarches relatives aux actifs incorporels – *qui peut être effectué par les évaluateurs de brevets.*

La société commerciale détentrice des actifs incorporels est détentrice des titres négociables en argent.

L'évaluation des actifs incorporels comprend deux catégories de biens[527] :

- les brevets et, de façon générale, les techniques de production,
- les marques et enseignes[528].

Le comportement de ces actifs incorporels, sur le marché financier, est souvent observé lorsque les laboratoires ou les grands groupes (usines de fabrications de biens et multinationales) les portent à la bourse de valeurs et où ils sont côtés.

Dans le même ordre d'idées, on pourrait également évoquer les profits de la lecture d'un bilan social pour connaître la santé

526 Warusfel, B., *op. cit.*, p. 3.

527 Raimbourg, P. et Boizard, M., *op. cit.*, p. 33.

528 *Ibid.*, p. 33.

sociale, mais aussi économique et la qualité d'organisation d'une entreprise[529].

Enfin, on sait que la consultation régulière des bases de brevets peut constituer une source irremplaçable de veille technologique pour les laboratoires et services de recherche des entreprises qui accèdent ainsi directement à la synthèse des éléments les plus innovants inventés par leurs concurrents ou partenaires dans le monde entier[530].

Rechercher la stratégie commerciale d'une société dans les registres des structures de gestion et d'enregistrement des brevets ou des marques, dégage l'impact de la démarche d'un investisseur qui a en vue de faire un apport au sein d'une société détentrice des brevets d'invention.

La démarche de recherche de la stratégie commerciale est donc un objectif sans lequel il est périlleux de ne pas connaître ce que vaut le brevet par exemple ; ce que représente le chiffre d'affaires de la société détentrice du brevet en rapport avec les données obtenues dans le registre de la structure qui gère les brevets ; si les actifs incorporels proposés sont importants en apport, ils sont capables de modifier la situation financière de la société.

Pour plusieurs raisons, l'investissement, en général, requiert une prudence accrue et, en particulier, pour ce qui est de l'investissement dans le domaine de la technologie, les intéressés sont appelés à la plus grande circonspection.

En réalité, la technologie acquise peut demander un temps de répit exigé pour des recherches complémentaires ou un temps de reconditionnement. Ainsi, la consultation de l'information juridique n'est pas seulement une source utile à la gestion des opérations juridiques ; elle fournit aussi, notamment, des informations financières, des indications sur les stratégies industrielles et commerciales ou encore, une vision globale de

---

529 Warusfel, B., *op. cit.*, p. 3.

530 *Ibid.*

la santé d'une entreprise ou de l'état des technologies émergentes dans un secteur donné[531].

IX. REGARD ET COMMENTAIRES DES QUELQUES DÉCISIONS DE JUSTICE EN MATIÈRE DE DESSINS, MODÈLES INDUSTRIELS ET MARQUES, BREVETS D'INVENTION ET DE CONCURRENCE DÉLOYALE

Le choix des décisions à commenter est purement sélectif, en raison de l'importance de la matière de propriété industrielle. Dans les pays industrialisés, les juges sont fréquemment saisis pour trancher sur les questions des technologies actuelles, qui font avancer le droit de la propriété industrielle dans le sens de sa complexité.

Les décisions de justice française se justifient dans le contexte du droit français où les modèles et dessins relèvent à la fois de la propriété industrielle et du droit d'auteur. D'où le risque d'introduire une certaine confusion de notion avec le droit de protection des dessins et modèles en propriété industrielle congolais, dont la durée de validité est de 5 ans une fois renouvelable.

Les décisions des juges congolais en rapport avec l'actuelle loi sur la propriété industrielle sont très rares. Les décisions analysées seront suivies d'un commentaire à la lumière de la loi régissant la propriété industrielle.

Nous recourrons aussi aux décisions de l'époque coloniale, à titre purement historique et didactique.

---

[531] *Ibid.*

A. Quelques décisions de justice française et européenne

1. Droit d'auteur : les dessins et modèles

Cour d'appel de Lyon, le 19 février 2010.

À propos des pièces de lanternerie revendiquées par les constructeurs automobiles Renault et Peugeot, la Cour a souligné que celles-ci présentaient « une combinaison de lignes courbes et droites et d'angles nouvelle et spécifique, qui participe à l'esthétique globale du véhicule et révèle incontestablement un effort créatif ; que ces combinaisons varient en fonction du modèle du véhicule et des choix esthétiques du concepteur, ce qui fait que les formes de ces pièces, qui ne sont pas exclusivement imposées par leur fonction technique, sont protégeables aussi bien au titre des dessins et modèles que du droit d'auteur » (CA Lyon, 19 février 2010, inédit ; cf. également confirmant cette jurisprudence : Cass. crim., 13 décembre 2011, pourvoi n°10-80623 publié sur www.legifrance.gouv.fr).

Le seul enseignement à tirer de cette décision de justice est que, relevant des arts appliqués, le design automobile, et plus particulièrement des pièces extérieures qui contribuent à l'esthétique d'un véhicule, est également protégeable par le droit d'auteur[532].

Il faut savoir que le déposant a un double droit. Autrement dit, pendant la durée du dépôt, le déposant bénéficie de la double protection, droit d'auteur et dessins et marques. Lorsque le dépôt est expiré (au bout de 25 ans), la protection par le droit d'auteur perdure[533].

Commentaire

Pour ces deux géants de l'automobile, il s'agit d'une question de survie économique. Parce que ces pièces de lanternerie

---

[532] Marcus Mandel, I., Bootherstone, T. et Masson, P., *op. cit.*, p. 26.

[533] *Ibid.*

peuvent créer une confusion dans la tête des consommateurs. Dans cette partie tirée d'un arrêt plein d'enseignements, on relève l'importance et la complexité des matières abordées car le juge évoque le droit d'auteur et celui de dessin et marques.

2. Droit d'auteur : contrefaçons

Cour d'appel de Paris, le 30 janvier 2015.

Au sujet du parfum « Le Mâle » de Jean-Paul Gaultier, la Cour décide : « qu'en commercialisant un flacon translucide, contenant un jus de couleur bleutée, représentant un buste masculin à la musculature proéminente et non doté de bras, destiné à contenir un produit de parfumerie, Attractive F & C a commis des actes de contrefaçon de modèle enregistré, de marque et de droit d'auteur ».

À propos de la contrefaçon de la marque figurative, la Cour de Paris commence par relever la proximité visuelle du signe déposé par BPI avec le flacon tel que commercialisé par Attractive F & C et la similarité des produits en cause puis elle analyse les facteurs d'association possible entre marque enregistrée et le flacon incriminé.

Contrairement aux premiers juges du fond, la cour d'appel déduit que l'impression d'ensemble qui se dégage de cette comparaison est propre à générer un risque de confusion dans l'esprit du consommateur qui sera conduit à les confondre, ou à tout le moins à les associer et « à leur attribuer une origine commune en forme de déclinaison ».

En matière de droit d'auteur, la cour d'appel confirme que le flacon « Le Mâle » de Jean Paul Gaultier est éligible à la protection du Livre I du Code de la propriété intellectuelle[534].

---

[534] C.A de Paris, 30 janvier 2015, *Lettre d'information de l'IRPI*, n°70, mars 2015 ; voy. également www.irpi.fr, consulté en mars 2015.

Commentaire

La contrefaçon décriée est préjudiciable pour Jean-Paul Gaultier, en raison de la confusion que le flacon incriminé génère. En effet, la marque étant déjà déposée, et donc sous le coup de la protection, Attractive F & C n'avait nullement raison de reproduire un produit avec le même flacon protégé par Jean-Paul Gaultier. La position de la Cour d'appel de Paris est judicieuse.

3. Droit d'auteur : reproduction des œuvres protégées (cloud computing)

Un litige opposant Nokia à une société de gestion collective danoise a permis à la Cour de justice de venir préciser le régime de la compensation pour copie privée. Le célèbre fabricant du téléphone 3310 et son fameux jeu « Snake » a été mis en demeure de procéder au paiement de la redevance pour copie privée par Copydan, organisme de gestion chargé de récolter les sommes dues au titre de l'exception éponyme.

La difficulté soumise à la CJUE portait notamment sur le point de savoir si les cartes mémoires des téléphones mobiles étaient soumises à la compensation pour copie privée. Dans un arrêt du 5 mars 2015, la CJUE répond à l'affirmative : « l'article 5, paragraphe 2, sous b), de la directive 2001/29 ne s'oppose pas à une réglementation nationale qui prévoit une compensation équitable au titre des supports plurifonctionnels, tels que les cartes mémoire de téléphones mobiles, que ces supports aient ou non pour fonction principale la réalisation de copies pour un usage privé, à condition qu'une des fonctions desdits supports, fût-elle secondaire, permette à leurs détenteurs de les utiliser à cette fin ».

Les juges européens assortissent cette solution d'un tempérament : le montant de la compensation doit être proportionnel à l'usage potentiel du support (« cependant, le caractère principal au secondaire de cette fonction et l'importance relative de la capacité du support à réaliser des reproductions sont susceptibles d'influer sur le montant de la compensation équitable due »), quitte à éluder l'obligation de paiement en cas de préjudice « minime » causé aux titulaires de droits.

Cet arrêt est également intéressant car, en plus de confirmer les principes posés par sa jurisprudence précédente – décisions Padawan et VG Wort –, il vient apporter un éclairage quant à l'assujettissement du cloud computing à la compensation pour copie privée[535].

Commentaire

La complexité de cette matière rime avec le caractère assez mystérieux du droit de la propriété industrielle. En effet, la reproduction des œuvres protégées est soumise à la compensation (condamnation) financière.

La question abordée par la CJUE en 2015 est dans la même ligne des condamnations des GAFAM[536] par la Commission de l'Union européenne.

On peut, par exemple, découvrir via Internet que « la justice européenne a, dans la lutte de l'UE contre les GAFAM, en effet prononcé une décision sur la validité d'une amende record de 4,3 milliards d'euros infligée par Bruxelles à Google pour avoir abusé de la position dominante de son système d'exploitation Android »[537].

Le tribunal de l'UE, basé à Luxembourg, a publié un arrêt en première instance afin de confirmer, annuler ou modifier la sanction infligée au géant américain de l'Internet par la Commission européenne en 2018[538].

Concrètement, Bruxelles reproche notamment à Google d'avoir forcé des fabricants de téléphones et de tablettes

[535] Arrêt de la CJUE, *Lettre d'information de l'IRPI*, n°70, précité.

[536] Acronyme de Google, Apple, Facebook, Amazon et Microsoft.

[537] Site www.20minutes.fr, consulté le 12 décembre 2022.

[538] *Ibid.*

utilisant son système d'exploitation à préinstaller son moteur de recherche et son navigateur Chrome pour éliminer des concurrents. Le système Android est utilisé sur environ 80% des appareils mobile dans le monde[539].

4. Marques & Modèles : contrefaçon

La chambre commerciale de la Cour de cassation a rendu le 10 février 2015 un arrêt relatif à une marque tridimensionnelle dans le domaine des produits de pâtisserie.

Ferrero, distributeur de produits de chocolaterie, confiserie et biscuiterie sous la marque Kinder, est titulaire de la marque internationale tridimensionnelle définie comme un produit de pâtisserie constitué par une plaque supportant quatre portions semi-cylindriques régulières sur lesquelles s'étendent des cordons transversaux, revendiquant la France, pour désigner la confiserie.

Estimant que sa marque est reprise sur les emballages colorés commercialisés par la société Wiha, Ferrero assigne cette dernière en contrefaçon de marque ainsi qu'en concurrence déloyale et parasitaire. Par un arrêt du 26 février 2013, la Cour d'appel de Versailles rejette les démarches de Ferrero et celle-ci forme un pourvoi arguant en substance que le « risque de confusion » à même de caractériser l'atteinte à la marque, avait en l'espèce été mal apprécié par les juges de fond. Ce pourvoi est rejeté par la Cour de cassation.

Ferrero reprochait à la cour d'appel de s'être fondée sur le fait qu'au moment de l'achat les barres chocolatées des sociétés Wiha sont conditionnées dans les emballages opaques (sous-entendu : ne permettant pas de distinguer la forme du produit), sans rechercher, comme elle y était invitée, si, postérieurement à l'acte d'achat, la seule forme du produit incriminé n'était pas susceptible de conduire le consommateur du produit, qui n'est

---

[539] *Ibid.*

pas nécessairement l'acheteur de celui-ci, à confondre cette barre avec celle de la marque internationale. Mais la Cour de cassation balaie l'argument en relevant qu'« ayant comparé la marque invoquée, d'un côté, avec la représentation de la barre chocolatée sur l'emballage du produit incriminé et, de l'autre, avec la barre chocolatée commercialisée par la société Wiha, la cour d'appel a statué par des motifs dépourvus d'ambiguïté ».

Le juge du droit poursuit en approuvant la façon dont la cour d'appel a apprécié le risque de confusion dans sa comparaison entre les marques, qui faisait également l'objet de critiques du pourvoi : « après avoir relevé que les produits litigieux sont commercialisés dans un emballage coloré sur lequel figurent, outre leur dénomination Milk Jumbo & Hazelnut, Milk Jumbo & Cacao ou Milk Jumbo & Noix de Coco, un morceau de barre chocolatée, en position cavalière, sortant d'une flaque de lait et "croqué", l'arrêt retient que cette représentation de la barre chocolatée ne constitue pas l'élément dominant de l'emballage ; qu'il en déduit qu'il n'existe aucun risque de confusion entre le produit tel qu'offert à la vente dans son emballage et la marque invoquée ».

Est ainsi validé le raisonnement des juges du fond au regard de la méthode préconisée pour apprécier le risque de confusion entre deux marques similaires. La Cour conclut qu'en l'état de ces constatations et appréciations, la cour d'appel, qui a procédé à la comparaison d'ensemble des signes en présence, en fonction de leurs éléments distinctifs et dominants, et en se plaçant, à bon droit, au moment où s'opère le choix entre les différents produits mis sur le marché et vis-à-vis du consommateur moyen normalement informé et raisonnablement attentif et avisé, a légalement justifié sa décision »[540].

[540] Voy. *Lettre d'information de l'IRPI*, n°70, mars 2015, www. irpi.fr, consulté le 25 mars 2015.

Commentaire

La chambre commerciale de la Cour de cassation de Paris a approuvé la décision de la cour d'appel, en ce que le risque de confusion n'existe pas dans le chef des consommateurs. Dans ce genre de litige, le juge est appelé à se décider sur la confusion et donc le risque de parasitisme que crée l'identité des marques en conflit. Dans cet arrêt, cette identité n'est pas plausible.

B. Quelques décisions de justice congolaise

1. Analyse du jugement sous RPE 011/V du 15 avril 2008 du Tribunal de commerce de Kinshasa/Gombe

Jugé qu'en droit les faits antérieurs à la publication du brevet ne constituent pas, à la lumière de l'article 89 de la loi n°82-001 du 7 janvier 1982 régissant la propriété industrielle, une contrefaçon et ne peuvent motiver une condamnation même au civil, à l'exception toutefois des faits postérieurs à une notification qui serait faite au présumé contrefacteur d'une copie officielle de la description de l'invention jointe à la demande de brevet[541].

Commentaire

Le juge n'a pas bien dit le droit. En lisant en profondeur le jugement sous examen, il résulte que le demandeur saisit le juge pour condamner la défenderesse des infractions de contrefaçon et de concurrence déloyale de sa marque.

Examinant les faits, le juge a motivé en soutenant que les faits antérieurs à la publication d'un brevet ne peuvent faire l'objet de condamnation à la contrefaçon d'un brevet d'invention.

---

[541] RPE 011/V, Tricom-Gombe, 15 avril 2008 : *MP et PC DPI c. ZH*, inédit ; RPE 043, Tricom-Gombe, 7 septembre 2010 : *MP et PC NG c. CONF*, inédit, cité par Lutumba wa Lutumba, G.O., *Code commercial annoté*, Kinshasa, CCDA, 2015, p. 489.

L'argumentation du juge est dépourvue de toute base légale et partant de fondement juridique. En effet, le demandeur se dit propriétaire de la marque CHETEX MAY BAY, sous procès-verbal de 2007.

Lorsque l'Administration établit, au profit du requérant, un procès-verbal, ce dernier donne droit à son titulaire de poursuivre tout contrevenant qui porte atteinte aux droits attachés ainsi à son titre de propriété industrielle. Et le certificat d'enregistrement doit être publié au journal officiel pour être opposable aux tiers.

Dans le cas sous examen, le demandeur n'a pas démontré que son titre fut publié au journal officiel en vertu des articles 60 et 136 de la loi n°82-001 du 7 janvier 1982 régissant la propriété industrielle. Bien plus, les faits qu'il décrit sont antérieurs à l'obtention de son procès-verbal, tel qu'il ressort de la décision du tribunal.

En clair, l'argumentation du juge devrait être la suivante : « l'importation et la commercialisation des tissus HONG HAI MAY BAY sont antérieures au procès-verbal. Qu'il s'ensuit que les faits mis à charge du cité sont non établis en vertu des articles 60, 110, 115, 116 et 136 de la loi n°82-001 du 7 janvier 1982 régissant la propriété industrielle. Ainsi, les faits étant antérieurs à l'obtention du certificat d'enregistrement et non du brevet d'invention, invoqué dans le cas d'espèce en vertu de l'article 89 de la loi qui est mal visé en fait.

2. Analyse du jugement sous RCE 024 du 6 juillet 2009 du Tribunal de commerce de Kinshasa/Gombe

Est irrecevable pour défaut de qualité l'action en contrefaçon initiée par un propriétaire intellectuel (détenteur du droit de propriété intellectuelle) dès lors qu'il n'est pas détenteur d'un brevet susceptible d'assurer la protection de sa marque[542].

[542] Tricom-Gombe, RCE 024, 6 juillet 2009, *Mub. C. PRA et KIRT*, inédit, cité par Lutumba wa Lutumba, G.O., *op. cit.*, p. 489.

COMMENTAIRE

Le juge n'a pas bien dit le droit en évoquant confusément la qualification de la matière protégée par le titre de propriété intellectuelle en présence.

En effet, le brevet d'invention ne protège que les inventions (voy. les articles 6, 7, 8, 9, 10 et 12 et suivants de la loi n°82-001 du 7 janvier 1982 régissant la propriété industrielle) et, logiquement, on ne peut tirer une conséquence de droit sur les matières qui ne sont pas protégeables par ce titre de propriété temporaire. En outre, les droits et obligations de l'inventeur sont prévus et le juge n'avait qu'à les lire pour bien motiver sa décision (voy. les articles 47 à 57 de la loi sus-évoquée).

Le titulaire d'une marque se fait délivrer par l'Administration publique le certificat de dépôt d'une marque de fabrique (voy. le titre I de la troisième partie de la loi régissant la propriété industrielle, plus spécialement la combinaison des articles 60, 110, 115, 116, 134, 135, 136, 137, 139 et suivants).

Il résulte que le Secrétariat général à l'Industrie établit au profit du titulaire d'une marque un certificat de dépôt d'une marque.

En lieu et place des dispositions des articles 88, 4, 48, 89,90 ayant trait au brevet, le juge devait invoquer plutôt celles ayant trait au certificat de dépôt et tirer toutes les conséquences de droit attachées à ce titre de propriété, qui est de dix ans renouvelables (article 137).

3. Droit d'auteur : les dessins et modèles – concurrence déloyale

Civ. Léopoldville, 12 mai 1951. « Le titulaire d'un dessin artistique n'a à établir en cas de contrefaçon que sa qualité d'auteur ou d'ayant droit de l'œuvre et l'antériorité de celle-ci par rapport à toute œuvre qui apparaît comme une contrefaçon, tandis que le titulaire d'un dessin industriel ne jouit de l'exclusivité de la reproduction que s'il assure son droit par un dépôt légal. Si l'on peut admettre que pour des raisons de force majeure nées de la guerre, le propriétaire de dessins n'a pu en effectuer le dépôt avant d'avoir pu renouer des relations avec son fournisseur, à partir du moment où il a été informé qu'une contrefaçon était en cours d'exécution, il avait pour obligation, s'il voulait s'assurer l'exclusivité des dessins, de les déposer. Dès que les tissus ornés des dessins industriels litigieux ont été exposés et répandus sur le marché colonial sans être déposés, ils sont tombés dans le domaine public et leur dépôt tardif ne pouvait plus assurer l'exclusivité de la reproduction au profit de celui qui les avait conçus (...).

« Attendu que l'action est basée sur le fait que la demanderesse a déposé les dessins des tissus litigieux afin d'en assurer la protection, selon le prescrit du décret organique du 24 avril 1922, et aussi sur le fait que les agissements de la demanderesse constitueraient un acte de concurrence déloyale au sens de l'ordonnance-loi du 24 février 1950 : la défenderesse ayant mis en vente à la Colonie des tissus imprimés au Japon, à une date postérieure au dépôt légal par la demanderesse, et dont les dessins seraient la contrefaçon des dessins déposés ;

« Attendu qu'il y a lieu de constater tout d'abord que la demanderesse n'entend en l'espèce défendre ni son droit d'auteur éventuel, ni le caractère artistique éventuel des dessins litigieux ;

« Que le fait d'avoir déposé ces dessins au titre de "dessins industriels", comme les fondements qu'elle invoque à son action, limitant les bases de celle-ci aux éléments d'une action en contrefaçon de dessins industriels déposés, et d'une action en concurrence déloyale elle-même basée uniquement sur des faits imputés à la défenderesse et consistant essentiellement en la contrefaçon des dessins déposés à laquelle s'ajouteraient éventuellement des manœuvres tendant à créer une confusion entre les tissus de la demanderesse et les tissus de même aspect (quant aux dessins) mis sur le marché par la défenderesse (....) ;

« Attendu qu'en ce qui concerne l'action en contrefaçon sur la base du décret du 24 avril 1922, la demanderesse soutient qu'elle a créé le dessin en 1939, qu'elle l'a fait imprimer en 1940, a mis les tissus en vente en août 1946 à la Colonie et a effectué le dépôt du dessin le 8 juin 1950 ;

« Attendu que si l'on peut admettre que pour des raisons de force majeure non de la guerre de 1940, la demanderesse n'a pas pu effectuer le dépôt des dessins litigieux avant d'avoir pu renouer les relations avec son fournisseur, il reste qu'à partir du moment où elle a été informée que la société Van Vlissij avait entrepris l'impression des tissus selon les dessins lui fournis par la demanderesse et que la commande était en cours d'exécution, soit fin 1945 et plus tard en mai 1946, la demanderesse avait l'obligation si elle voulait s'assurer de l'exclusivité des dessins, de les déposer ;

« Attendu que dès que les tissus ornés de dessins « industriels » litigieux ont été exposés et répandus sur le marché colonial sans être déposés, ils sont tombés dans le domaine public ;

« Que ce fut un fait notoire, dès avant le 8 juin 1950 : date à laquelle la demanderesse effectua le dépôt ;

« Attendu que ce dépôt tardif ne pouvait plus assurer l'exclusivité de la production au profit de la demanderesse ;

« Attendu que le tribunal n'ayant à statuer dans les limites de la saisie, que sur l'action en dommages-intérêts, constate que celle-ci manque de fondement ; la demanderesse étant pour les motifs repris aux considérants ci-dessus, sans droit de reproduction exclusive sur les dessins litigieux ;

« Attendu qu'en conséquence, toutes les autres demandes postulées en conclusions par la Société Nogueira ne sont pas non plus fondées »[543].

---

[543] *J.T.O.*, 15 janvier 1952, 3e année, n°19, pp. 59-61.

Commentaire

Cette décision est très riche en enseignement. En effet, le dépôt tardif est inopérant. Et c'est à bon droit que sur ces dessins litigieux que le juge de l'époque coloniale débouta la société Nogueira au sujet de sa demande, justifiant la guerre alors que les dessins n'avaient jamais été déposés. Et donc elle ne pouvait bénéficier de la protection de la loi par le fait que la marque avait été déposée après coup.

4. Droit d'auteur : concurrence déloyale et marque de fabrique

Stanleyville, 28 octobre 1953. L'acheteur de bouteille de bière ou d'eau gazeuse, qu'il soit détaillant ou consommateur, qui se voit facturer les vidanges, ne s'engage nullement à les rétrocéder contre remboursement du prix facturé. C'est au contraire, le vendeur qui, en fait, s'engage à reprendre ces vidanges pour les prix convenus.

L'emploi de bouteille d'eau gazeuse portant la marque d'un concurrent voilée par une étiquette portant le nom de celui qui l'emploie, bouteille bouchée par une capsule portant également ce nom, ne tombe pas sous l'application de l'article 2, § 7, de l'ordonnance législative du 24 février 1950, à défaut de créer la confusion entre les produits.

« Attendu que la demande tend à autoriser l'assignée à ester en justice par son mari ou d'office par le tribunal et à entendre interdire à l'assignée d'utiliser des bouteilles fabriquées par la bouteillerie de Léopoldville et gravée de la marque "Brasserie de Léopoldville" (...) ;

« Attendu que la défenderesse exploite à Paulis une fabrique d'eau gazeuse ;

« Que la demanderesse exploite la même industrie à Léopoldville ;

« Qu'il n'est dès lors pas douteux que les deux parties sont des concurrentes ;

« Attendu que la défenderesse ne conteste pas qu'elle emploie toute espèce de récipients pour livrer sa marchandise à sa clientèle et notamment des vidanges sur lesquelles apparaît en relief le nom de la demanderesse ;

« Qu'elle précise qu'avant de livrer son produit à la clientèle elle appose sur chaque bouteille une étiquette portant son nom et recouvrant la marque "Brasserie de Léopoldville", puis bouche ses bouteilles en utilisant une capsule également à son nom ;

« Attendu que s'appuyant sur les dispositions de l'article 2, § 7, de l'ordonnance législative du 24 février 1950, la demanderesse postule que la cessation de cet emploi soit ordonnée par le tribunal ;

« Attendu qu'aux termes de cet article est réputé acte contraire aux usages honnêtes en matière commerciale ou industrielle, notamment l'emploi non autorisé des récipients des produits d'un concurrent ;

« Attendu que pour soutenir sa thèse, la demanderesse soutient qu'elle ne vend pas les bouteilles mais l'eau ou la bière que contiennent ces bouteilles ;

« Que le prix de facture comporte un cautionnement représentant le coût de la bouteille, coût restitué à l'acheteur lors du retour de la vidange ;

« Que celle-ci ne devient pas la propriété du tiers ;

« Attendu que cette opinion ne peut être admise par le tribunal ; qu'en fait elle est contraire aux transactions constantes pratiquées sur le marché en cette matière ; qu'en effet, l'acheteur de bouteille de bière ou d'eau gazeuse, qu'il soit détaillant ou consommateur, qui se voit facturer les vidanges ne s'engage nullement à les rétrocéder contre remboursement du prix facturé ; qu'au contraire c'est la demanderesse qui, en fait, s'engage à reprendre ces vidanges pour le prix convenu ; que tant que l'acheteur ne s'est pas présenté chez la demanderesse ou son détaillant pour obtenir remboursement du récipient, il en reste le seul propriétaire à telle enseigne qu'il pourrait le détruire sans qu'aucune justification puisse lui être demandée ;

« Attendu que les faits reprochés à la défenderesse tomberaient éventuellement sous l'application de l'article 2, alinéa 1er, de l'ordonnance législative en créant la confusion entre les produits des deux parties si la défenderesse ne prenait la précaution de placer ses étiquettes et capsules propres sur les vidanges, ainsi qu'il a été exposé ;

« Attendu qu'aux termes de l'article 1er de l'ordonnance législative du 24 février 1950, la cessation de l'acte ne peut être ordonnée par le tribunal que dans le cas où les deux conditions requises par le texte sont réunies, à savoir : 1° il faut un acte contraire aux usages honnêtes en matière commerciale ou industrielle ; 2° mais il faut aussi que cet acte porte atteinte au crédit d'un concurrent ou lui enlève sa clientèle, ou porte atteinte à sa capacité de concurrence (....) ;
« Par ces motifs :
La cour,
Statuant contradictoirement ;
Le ministère public représenté par M. le substitut Van Nitser entendu en son avis s'en référant à la prudence ;
Dit l'action telle qu'introduite irrecevable en ce qui concerne le défendeur Casale »[544].

COMMENTAIRE

La position du juge colonial est correcte. La seule confusion créée par les produits des concurrents mis sur le marché nécessite condamnation. Dès lors que cette confusion est imaginaire ou n'est pas perceptible du tout, l'action est non fondée.

Ces commentaires démontrent que l'application de la loi par les juges français et européens est appropriée plus parce que les inventeurs, les offices de gestion des brevets, les États et les consommateurs sont tous les acteurs du secteur de la

[544] *J.T.O.*, 6 janvier 1953, 72e année, n°4133, p. 134.

propriété industrielle versée dans l'industrie, qui est un maillon important d'application et d'utilisation des brevets. De cette considération, les inventions qui sont parfois contentieuses trouvent des solutions appropriées prévues par le législateur, au vu de l'évolution technologique.

Il résulte dès lors que la loi sur la propriété industrielle suit l'avancée technologique.

En revanche, les juges congolais, outre le fait qu'ils ne sont pas formés dans le domaine de la propriété industrielle, n'ont été intéressés que très rarement au sujet des contestations sur le brevet.

Les décisions sous RPE 011 et 043 susvisées du Tribunal de commerce de Kinshasa/Gombe démontrent la manière dont le juge, sur le titre de propriété intellectuelle inapproprié, a tiré des conséquences de droit qui sont dépourvues de valeur juridique.

Concernant les décisions de l'époque coloniale ayant trait aux dessins et modèles industriels, les marques de fabrique et commentées brièvement, on se rend compte que le juge colonial avait bien dit le droit.

Outre que le juge congolais doit être formé en droit de propriété industrielle, nous en appelons à l'adoption d'une nouvelle loi en matière de propriété intellectuelle.
Aussi, les pouvoirs publics doivent s'impliquer en créant les conditions optimales pour l'éclosion des inventeurs par la prévision et le vote d'un budget conséquent sur la recherche scientifique au profit des inventeurs.

CONCLUSION GÉNÉRALE

L'histoire de l'humanité est celle de l'imagination ou de l'innovation et de la créativité au service d'une base de connaissances existante dans le but de résoudre des problèmes ou d'exprimer des pensées. Depuis le début de l'écriture en Mésopotamie jusqu'au transistor, aux nanotechnologies dans l'industrie des semi-conducteurs, aux médicaments ADN recombiné et aux innombrables autres découvertes et innovations, en passant par le boulier chinois, l'astrolabe syrien, les anciens observatoires en Inde, la presse à imprimer de Gutenberg, le moteur à combustion interne, la pénicilline, les plantes médicinales et les traitements par les plantes en Afrique du Sud, c'est l'imagination des créateurs du monde entier qui a permis à l'humanité d'atteindre le niveau de développement technique que nous connaissons aujourd'hui[545].

Ce décor actuel est le sacre de l'inventivité. C'est ainsi qu'elle a vite contribué au développement des sociétés jadis considérées comme arriérées ou dépendantes des économies des pays industrialisés.

De nos jours, la recherche d'informations en matière de brevets devient capitale pour la survie des peuples. En guise de recommandation, nous la considérons et la voulons comme une épine dorsale du politique, plutôt enclin au calcul du positionnement.

Nul ne peut douter, aujourd'hui, de la capacité qu'ont les brevets de créer des milliers d'emplois et, par ricochet, d'augmenter les ressources nationales (budget national).

---

[545] *Cours d'introduction à la propriété intellectuelle*, Académie de l'OMPI DL001, www.wipo.int, consulté en août 2018.

L'inventivité de l'homme frise l'inaccessible[546], à considérer les années du début des inventions.

Nous recommandons aux pouvoirs publics congolais :

1) d'organiser le secteur de la propriété intellectuelle par la création de la haute autorité de la propriété intellectuelle[547] ;
2) de revoir l'alinéa 2 de l'article 46 de la Constitution pour les raisons évoquées *infra*[548].

La Haute Autorité de la propriété intellectuelle aura pour mission d'assister les milieux d'affaires en vue d'inciter les chercheurs dans le secteur de l'invention et de gérer les questions de demandes et d'octroi de brevets.

Pourquoi, contrairement à de nombreux pays dits développés, la République Démocratique du Congo ne peut-elle pas tirer profit de l'inventivité, ou simplement de l'imagination ?

L'histoire renseigne que son sous-sol regorge d'énormes richesses, dont la transformation et les études particulières peuvent susciter beaucoup de demandes de brevets.

Joe Mondonga Moyama[549] note que le Docteur Arpad BOGSCH, ancien directeur de l'Organisation Mondiale de la Propriété

---

[546] L'homme a su reproduire la mégajoule ou le laser le plus puissant, qui est comparable aux émissions du soleil. Dans ce sens, nous relevons les prouesses de Madame Nadia Thalmann, qui est l'inventrice de l'humanoïde Nadine, capable de réceptionner des courriers, de répondre aux questions préenregistrées. Elle a été lancée le 16 octobre 2018 à Singapour, dans une société d'assurances.

[547] Actuellement, c'est la direction de la propriété industrielle du Secrétariat général du ministère de l'Industrie qui est habilitée à recevoir les demandes de brevets et autres droits de propriété industrielle. Elle est aussi compétente pour octroyer la qualité de mandataire en propriété industrielle, brevets et marques de fabrique, après paiement des frais requis. Cette direction peut être transformée en Haute Autorité de la propriété intellectuelle, en RDC, que nous avons préconisée pour une gestion appropriée des droits de propriété industrielle, comme instruments ou actifs importants du droit des affaires.

[548] Voy. *supra*, p. 38.

[549] Mondonga Moyama, J., *Droits d'auteurs et droits voisins. Les aspects techniques, juridiques et économiques du droit d'auteur et ses applications en RDC*, Paris, Mon petit éditeur, 2013, p. 35.

Intellectuelle (OMPI), a fait écrire au fronton du bâtiment central de cette institution ce qui suit : « De l'esprit humain naissent les œuvres d'art et les inventions. Ces œuvres assurent aux humains la dignité de la vie. Il est du devoir de l'État de protéger les arts et les inventions. » Ces mots mémorables deviendront une réalité, pour les pays du Tiers-Monde, lorsque la recherche scientifique occupera une place de choix dans leur politique.

Déjà le manque criant de chercheurs[550] rime avec la situation de précarité des peuples des États du Tiers-Monde, d'où un recours de moins en moins fréquent à l'exploitation du brevet[551] comme source d'informations permettant aux innovateurs de parfaire leur savoir ou de contribuer à l'essor économique.

L'importance d'un brevet n'est plus à démontrer, au regard des éléments dont il est porteur pour le développement de la technologie, de l'innovation et du gain économique qu'il peut apporter.

Les marques chinoises viennent d'obtenir les grands prix de l'innovation au salon de l'innovation de Berlin (IFA). Il s'agit des marques Huawei, ZTE[552]. Le produit pharmaceutique Sovaldi[553] a permis au laboratoire GILEAD, établi aux États-

---

[550] Pour rappel, les statistiques de l'Unesco démontrent que l'Afrique a 71 038 chercheurs, le Canada seul en compte 80 000, les États-Unis 962 700 et l'Asie 4 483 881.

[551] Les pays développés détiennent 86% des brevets dont 40% pour les États-Unis et 14% pour le reste du monde (source : Unesco).

[552] Voy. les émissions du journal télévisé de la télévision chinoise du 12 septembre 2015, www.fr. cntv.cn, consulté le 12 septembre 2015.

[553] Ce médicament a été mis au point il y a quelques années par une petite start-up américaine qui a ensuite été rachetée par un grand laboratoire qui s'appelle Gilead. Très rapidement, les essais cliniques ont montré que cet antiviral permettait de guérir près de 90% des patients atteints de l'hépatite C alors que les anciens traitements guérissaient à peine 50 % des malades. Voy. www.allodocteurs.fr/actaulite-sante-sovaldi-le-medicament-le-plus-cher-de-l-histoire_14608.htlm, consulté le 10 mars 2015.

Unis, de bénéficier de 650 000 millions d'euros pour la fabrication dudit produit sous licence, en France.

Un autre exemple, plus pratique, est donné par Google qui a déposé un brevet aux États-Unis pour des jouets intelligents, qui prennent en considération la présence humaine dans une pièce et peuvent commander les appareils électroniques à la demande. Richard Wayne De Vaul et Daniel Aminzade sont les inventeurs de ce jouet breveté au bénéfice de Google. Sur le dessin compris dans le brevet déposé en février 2012 et publié le 21 mai par le bureau qui accorde les brevets (US Patent and Trademark Office), on peut voir ce qui ressemble à des jouets en forme de lapin et d'ours en peluche avec des micros intégrés dans les oreilles, des caméras dans les yeux, des haut-parleurs dans la bouche et un moteur dans le cou. Le jouet est censé pouvoir écouter, tourner la tête pour établir un « contact visuel », comprendre ce qu'on lui dit et y répondre par des phrases préenregistrées[554].

S'il reste vrai que n'importe qui en République Démocratique du Congo, peut avoir accès à l'information technique brevetée du monde entier, pour faire avancer l'innovation[555], il demeure également vrai que cette quête du savoir est loin de s'installer véritablement dans la mémoire collective, et encore moins dans le chef des dirigeants africains en général et congolais en particulier. Il faut donc l'inciter ou la créer par l'accroissement du budget de l'éducation et de celui de la recherche scientifique.

Les systèmes juridiques de protection des brevets, les stratégies de recherche d'informations et l'examen de

---

[554] http://www.lemonde.fr/economie/article/2015/05/23/google-depose-un-brevet-pour-des-jouets-intelligents_4639141_3234.html, consulté le 10 décembre 2015.

[555] Ituku Elangi Botoy, « Contacter les entreprises, les inventeurs et les mandataires à l'étranger grâce à l'information en matière de brevets », in *Les travaux de renforcement de capacité*, tenus à Kinshasa le 24 août 2011.

quelques questions opérationnelles ont démontré l'importance du brevet d'invention dans le processus de développement d'une nation.

La RDC doit revoir la loi sur la propriété intellectuelle et favoriser les conditions de création du marché technologique.
L'installation effective du Centre d'Appui à la Technologie et à l'Innovation (CATI) en RDC contribuera à l'émergence du savoir technique.

BIBLIOGRAPHIE

I. Textes juridiques

A. Textes légaux et réglementaires

Constitution de la RDC du 18 février 2006 telle que modifiée par la loi n°11/002 du 20 février 2013.

Loi n°82-001 du 7 janvier 1982 régissant la propriété industrielle.

Loi n°73-021 du 20 juillet 1973 portant régime général des biens, régime foncier et immobilier et régime des sûretés telle que modifiée par la loi n°80008 du 18 juillet 1980.

Loi de finances n°17/014 du 24 décembre 2017 pour l'exercice 2018.

Loi n°10/001 du 20 août 2010 modifiée par l'ordonnance-loi n°13/007 du 23 février 2013 portant institution de la Taxe sur la Valeur Ajoutée.

Loi organique n°13/011-B du 11 avril 2013 portant organisation, fonctionnement et compétences des juridictions de l'ordre judiciaire.

Loi n°002-2001 du 3 juillet 2001 portant création, organisation et fonctionnement des tribunaux de commerce.

Loi n°18/020 du 9 juillet 2018 relative à la liberté des prix et à la concurrence.

Loi organique n°16/027 du 15 octobre 2016 portant organisation, compétence et fonctionnement des juridictions de l'ordre administratif.

Ordonnance-loi n°69-009 du 10 février 1969 relative aux impôts cédulaires sur les revenus.

Ordonnance n°89-173 portant mesures d'exécution de la loi n°82-001 du 7 janvier 1982 régissant la propriété industrielle.

Décret n°011/42 du 22 novembre 2011 portant mesures d'exécution de l'ordonnance-loi n°19/001 du 20 août 2010 portant institution de la taxe sur la valeur ajoutée.

Code de Propriété Intellectuelle de France, Paris, Dalloz, 2013.

Code de Propriété Intellectuelle de France, Paris, Dalloz, 2016.

Acte uniforme du 17 avril 1997 relatif au droit des sociétés commerciales et du groupement d'intérêt économique.

B. Textes juridiques internationaux et Conventions internationales

Convention de Paris du 20 mars 1883.

Accord sur les Aspects des Droits de la Propriété Intellectuelle qui touchent aux aspects du Commerce du 15 avril 1994 (Accord ADPIC).

Convention de Brevet Européen.

II. Ouvrages

Alma-Delettre, S. *et al.* (dir. M. Vivant), *Les grands arrêts de la propriété industrielle*, Paris, Dalloz, 2004.

Amboulou, H.D., *Le droit de l'arbitrage et des institutions de médiation dans l'espace OHADA*, Paris, L'Harmattan, 2015.

Benhamou, F. et Farchy, J., *Droit d'auteur et copyright*, Paris, La Découverte, 2009.

Binctin, N., *Droit de la propriété intellectuelle. Droit d'auteur, brevet, droits voisins, marque, dessin et modèles*, 3e éd., Paris, LGDJ, 2014.

Beltrame, P., *L'imposition des revenus*, Nancy, Berger-Levrault, 1970.

Boutry, Ch. *et al.*, *Initiation au droit des affaires. Civil-Commercial-Sociétés*, Paris, Banque, 1983.

Clavert, C., *Patent Practice and invention Management*, New York, Reinhold, 1964.

Durkheim, É.,: *Les règles de la méthode sociologique*, nouvelle éd., Paris, PUF, 1968.

Gerwith, A., *Droits de l'homme. Défense et illustrations*, Paris, Cerf Nouveaux Horizons, 1967.

Guyard, J., *Les révolutions industrielles*, Paris, Martinsart, 1972.

Jamar, L., *Répertoire décennal de la jurisprudence belge*, Bruxelles, Bruylant, 1900-1910.

Kabwa Kanyampa, V., *Taxe sur la valeur ajoutée en droit fiscal congolais*, Kinshasa, Médiaspaul, 2018.

Kumbu ki Ngimbi, J.-M., *Droit de la propriété intellectuelle. Manuel d'enseignement*, Kinshasa, Galimages, 2008.

Lefebvre, F., *Fiscal 2005*, Paris, Francis Lefebvre, 2005.

Lefebvre, F., *TVA 2014-2015*, Paris, Francis Lefebvre, 2013.

Loubet del Bayle, J.-L., *Initiation aux méthodes des sciences sociales*, Paris, Classiques des sciences sociales, 2000.

Lutumba wa Lumumba, G.O., *Code commercial annoté*, Kinshasa, CCDA, 2015.

Marcus Mandel, I., Bootherstone, T. et Masson, P., *Le droit du design. Entreprises et designers : comment protéger, exploiter et défendre vos créations*, Paris, Dunod, 2012.

Masilya Lumesa, G. (dir. Mavinga Ndangi Declerc), *Manuel de fiscalité congolaise*, Bruxelles, Bruylant, 2021.

Orban, P., *Droit civil du Congo Belge. T. II Contrats et obligations*, Bruxelles, Larcier, 1956.

Phelip, B., *Brevets d'invention. France-Étranger-Brevet européen*, 3e éd., Paris, Delmas, 1989.

Pierre, J.-L., *Fiscalité de la recherche de la propriété industrielle et des logiciels*, Paris, EFE, 2011.

Raimbourg, P. et Boizard, M., *Ingénierie financière, fiscale et juridique*, 2e éd., Paris, Dalloz, 2009.

Schmidt Szalewski, J., *Droit de la propriété industrielle*, 5e éd., Paris, Dalloz, 2001.

Schmidt-Szalewski, J. et Pierre, J.-L., *Droit de la propriété industrielle*, 3e éd., Paris, Litec, 2004.

Suissa, G., *La pratique de la saisie-contrefaçon*, Paris, EJT, 2013.

Schmidt, I., *Les codes commentés Larcier. Droits d'auteur et droits voisins*, Bruxelles, Larcier, 2011.

Stérin, V. et Druez, M.-C., *Le guide de la propriété intellectuelle*, Paris, Delmas, 2009.

Strauss, D., *La bible de la petite entreprise*, Paris, Nouveaux Horizons, 2012.

Voirin, P. et Goubeaux, G., *Droit civil. Personnes-Famille. Personnes protégées. Biens-Obligations-Sûretés*, t. 1., 31e éd., Paris, LGDJ, 2007.

Vogel, L., *Traité de droit commercial G. Ripert et R. Roblot*, tome 1, vol. 1, 18e éd., Paris, LGDJ, 2001.

Weinstein, Z., *Le régime fiscal de la propriété industrielle*, Paris, Delmas, 1972.

Zhang, S., *De l'OMPI au GATT. La protection internationale des droits de la propriété intellectuelle*, Paris, Litec, 1994.

III. Articles

Billon, F.-L., « Incubateurs et propriété industrielle, in *Propriété industrielle et innovation*, Paris, L'Harmattan, 2000.

Boutillier, S., « L'entrepreneur face à la propriété industrielle : histoire et actualité », in *Propriété industrielle et innovation*, Paris, L'Harmattan, 2000.

Ilardi, A., « Le système international de protection régionale de la propriété industrielle », in *Propriété industrielle et innovation*, Paris, L'Harmattan, 2000.

Laperche, B., « Texte et contenu du brevet », in *Propriété industrielle et innovation*, Paris, L'Harmattan, 2000.

Mabrouki Mohamed, « Brevet d'invention et croissance économique : une analyse dans le cadre de l'économie tunisienne durant la période 1970-2010 », *International Journal of Scientific & Engineering*, vol. 8, n°1, janvier 2017.

Nkumu Nsele, L-M. et Elangi Ituku Botoy, « Le cadre législatif congolais en matière de propriété intellectuelle », 2010, www.wipo.int.

Nsumbu Kabu Odon, « La loi congolaise sur le droit d'auteur et les droits voisins : plaidoyers pour l'urgence de sa mise en conformité avec l'Accord sur les aspects des droits de propriété intellectuelle qui touchent au commerce », *Revue congolaise de la propriété intellectuelle*, n°1, /2019.

Uzunidis, D., « La marchéisation de la recherche publique en France et la question de la propriété industrielle », in *Propriété industrielle et innovation. La « nouvelle économie » fausse-t-elle l'enjeu ?*, Paris, L'Harmattan, 2000.

Warusfel, B., « Intelligence économique et pratiques juridiques », *Revue de l'intelligence économique*, n°5, octobre 1999.

Warusfel, B., « Entreprises innovantes et propriété intellectuelle : les limites de la protection juridique du patrimoine immatériel », in *Propriété industrielle et innovation. La « nouvelle économie » fausse-t-elle l'enjeu ?*, Paris, L'Harmattan, 2000.

IV. Revues, documents et études

Bezbakh, P. et Gherardi, S., *Dictionnaire de l'économie*, Paris, Larousse, 2011.

Gillon, L., « Technologie, Énergie et Civilisation », *Cahiers économiques et sociaux*, vol. 15, n°2, 1977.

Guide sur l'utilisation de l'information en matière de brevets, Genève, OMPI, 2012, in www.wipo.int/patentscope/fr.

Guide sur les brevets comme moyen d'accès à la technologie, Genève, OMPI, 2010, in www.wipo.int/patentscope/fr.

Guide d'utilisation sur la classification internationale des brevets, Genève, OMPI, 2015, in www.wipo.int/patentscope/fr.

Lexique des termes juridiques, 19e éd., Paris, Dalloz, 2012.

Verbauwhede Koglin, L. *et al.*, « Initiation aux brevets pour les petites et moyennes entreprises », *Inventer le futur*, n°3, 2018, Genève, OMPI, www.wipo.int/sme/.

Picotte, J., *Juridictionnaire*, Faculté de droit de Moncton, Canada, 2005.

Revue de l'OMPI, *Inventer le futur*, n°1, 2006, Genève, OMPI, www.wipo.int/sme/.

V. Thèses

Faure, Y., *Le contentieux de la contrefaçon. La réponse du droit français à l'atteinte aux droits de propriété intellectuelle*, thèse présentée en vue du titre de doctorat, Université de Toulouse, 2014.

Delannoy, S., *La protection juridique d'un parfum*, mémoire de Master 2, Droit fondamental des affaires, Université des sciences sociales Toulouse I, 2006-2007.

VI. Mémoire

Ndi Essissima, *Le contentieux de la propriété intellectuelle au sein de l'Organisation mondiale du commerce*, Master en relations internationales, option contentieux international, Institut des relations internationales du Cameroun, IRIC, 2002.

VII. Cours

Marino, L., *Cours de droit de propriété intellectuelle*, Cours de Master 1 sur support électronique, Université de Strasbourg, année 2017-2018.

VIII. Webographie

www.wipo.int/patentscope/fr, consulté en juin 2016.

www.irpi.fr, consulté en mars 2015.

www.wipo.int, consulté en avril 2015.

www.budget.gouv.cd, consulté en juillet 2014.

www.novagraaf.com, consulté en juillet 2016.

www.lemonde.fr, consulté en décembre 2015.

www.fr.cntv.cn, consulté en décembre 2015.

www.allodocteurs.fr/actaulite-sante-sovaldi, consulté en mars 2015.

www.wto.org, consulté en février 2018.

www.histoire-pour-tous.fr, consulté le 19 août 2016.

www.universalis.fr, consulté le 19 août 2016.

https://fr.m.wikipedia.org, consulté le 24 septembre 2018.

www.swissarbitration.org, consulté le 24 septembre 2018.

www.france24.fr, consulté le 22 septembre 2018.

http://www.court.gov.cn/fabu-xiangqing-18482.html (l'interprétation Judiciaire II de la Cour suprême du Peuple sur les lois applicables au jugement de dispute de brevet), consulté le 14 août 2020.

http://china.findlaw.cn/info/qinquanzerenfa/qbqqzr/zlqq/20160323/1261677.html (commentaires sur l'Interprétation Judiciaire II), consulté le 14 août 2020.

http://blog.sina.com.cn/s/blog_621690770102wc4x.html (commentaires approfondis sur les points intéressants de l'Interprétation Judiciaire II), consulté le 14 août 2020.

www.ipside.com/fr

http//www.user.org

www.20minutes.fr

INDEX ALPHABÉTIQUE

A

B

C

D

R

S

T

U

V

TABLE DES MATIÈRES

www.ingramcontent.com/pod-product-compliance
Lightning Source LLC
LaVergne TN
LVHW050650051026
849532LV00002B/590
* 9 7 8 2 8 0 6 1 3 2 4 1 3 *